TEATRO COMPLETO

em 12 volumes

BERTOLT BRECHT

TEATRO COMPLETO
em 12 volumes

Coleção TEATRO
vol. 12
Direção: Fernando Peixoto

Conselho Editorial
Antonio Candido
Celso Furtado
Fernando Gasparian
Fernando Henrique Cardoso

BERTOLT BRECHT
TEATRO COMPLETO
em 12 volumes
X

OS DIAS DA COMUNA (1948-1949)
Tradução de Fernando Peixoto

TURANDOT OU O CONGRESSO DAS LAVADEIRAS (1954)
Tradução de Aderbal Freire Filho e Renato Icarahy da Silveira

A ANTÍGONA DE SÓFOCLES (1948)
Tradução de Angelika E. Köhnke e Christine Roehrig

Copyright by Suhrkamp Verlag
Títulos dos originais em alemão:
Die Tage der Commune © 1957 by Suhrkamp Verlag, Frankfurt am Main
Turandot oder der Kongress der Weisswäscher © 1967 by Stefan S. Brecht
— (direitos reservados à Suhrkamp Verlag, Frankfurt am Main)
Die Antigone des Sophockles ©1959 by Suhrkamp Verlag, Frankfurt am Main

Coordenação Geral: Christine Roehrig e Fernando Peixoto
Preparação: Hélder Garmes e Maria Bacellar
Revisão: Sandra R. Garcia e Silmara Fernandes
Capa: Isabel Carballo

Dados Internacionais de Catalogação na Publicação (CIP)
(Câmara Brasileira do Livro, SP, Brasil)

Brecht, Bertolt, 1898-1956
Teatro completo, em 12 volumes / Bertolt Brecht
— Rio de Janeiro: Paz e Terra, 1993 — (Coleção teatro;v. 9-18)
Tradução de Bertolt Brecht: Gesammelte Werke in 20 Bänden.
Publicados v.1-10
1. Teatro alemão I. Título. II. Série.

92-3402 CDD-832.91

Índices para catálogo sistemático:
1. Século 20: Teatro: Literatura alemã 832.91
2. Teatro: Século 20: Literatura alemã 832.91

Direitos adquiridos pela
EDITORA PAZ E TERRA S.A.
Rua do Triunfo, 177
01212-010 — São Paulo — SP
Tel.: (011) 223-6522
Rua Dias Ferreira, 417 — Loja Parte
22431-050 — Rio de Janeiro — RJ
Tel.: (021) 259-8946
que se reserva a propriedade desta tradução.

1993
Impresso no Brasil / *Printed in Brazil*

Índice

Os dias da Comuna   11
Turandot ou o Congresso das Lavadeiras   107
A Antígona de Sófocles   191

Os dias da Comuna

Die Tage der Commune
Escrita em 1948-1949

Tradução: Fernando Peixoto

Colaboração: R. Berlau

PERSONAGENS

Madame Cabet, Costureira
Jean Cabet, jovem Operário, Seu Filho
"Papa", Membro da Guarda Nacional, Cinqüentão
Coco, Membro da Guarda Nacional
Senhor Gordo
Garçom do Café
Um Couraceiro alemão, Ferido
Duas Crianças
Thiers
Jules Favre
Um Criado de Quarto
Babette Cherron, costureira, Amiga de Jean Cabet
François Favre, Seminarista, agora na Guarda nacional
Philippe Favre, Seu Irmão Padeiro, Agora Soldado das tropas da linha
Geneviève Guéricault, Jovem Professora
Dona da Padaria
Três Mulheres
Pierre Langevin, Operário, delegado da Comuna
Beslay, Varlin, Rigault, Delescluze, Ranvier — delegados da Comuna
Quatro Prefeitos
Cobrador de Impostos
Sua Esposa
Vendedor de Jornais
Uma Aristocrata
Sua Sobrinha
Marquês de Ploeuc, Diretor do Banco da França
Sacerdote Gordo
Porteiro
Velho Mendigo
Oficial da Guarda Nacional
Bismarck
Guy Suitry, noivo de Geneviève Guéricault, Tenente das Tropas da Linha
Mulher Moribunda
Guardas Nacionais
Delegados da Comuna
Soldados de Linha
Homens e Mulheres

1

Cerca de 22 de janeiro de 1871. Diante de um pequeno café em Montmartre, onde está instalado um posto de recrutamento da Guarda Nacional. Sentado em uma mesa, no terraço do café, um Senhor Gordo conversa com o Garçom. Diante deles duas crianças, com uma caixa de papelão, estão discutindo. Escutam-se tiros de canhão.

Garçom — Monsieur Braque esteve aqui três vezes perguntando pelo senhor.

Senhor Gordo — O quê? Braque aqui, em Paris?

Garçom — Só por pouco tempo. Aqui está um bilhete, monsieur.

Senhor Gordo *lê* — Não se consegue mais ter tranqüilidade nesta Paris. São os preços, as percentagens, as comissões! Enfim, é a guerra, cada um participa dela a sua maneira. O senhor sabe de alguém que esteja disposto a aceitar um pequeno trabalho, alguém com coragem, mas de confiança? Isso são coisas que raramente andam juntas, não é?

Garçom — A gente acaba encontrando alguém. *Recebe a gorjeta.* E monsieur realmente prefere esperar aqui fora, no frio?

Senhor Gordo — Já faz algum tempo que o ar que se respira lá dentro é muito ruim.

Garçom *olhando o cartaz: "Cidadãos! Expulsem os prussianos! alistem-se na Guarda Nacional!"* — Eu compreendo.

Senhor Gordo — Mesmo? Se eu pago oitenta francos pelo meu almoço, não estou disposto a receber no nariz todo o fedor dos subúrbios. E, me faz o favor, fique aqui por perto, para me proteger — *aponta as crianças* — desses pequenos vermes.

Aproxima-se uma mulher pobremente vestida e um jovem operário. Carregam uma cesta. As crianças dirigem-se à mulher.

Mme. Cabet — Não, eu não quero nada. Bom, sim, talvez depois. Coelho, você falou? Jean, que é que você acha de um assado no domingo?

Jean — Isso não é coelho.

Mme. Cabet — Mas ele quer quatorze francos e cinqüenta.

Criança — A carne é fresca, senhora.

Mme. Cabet — Antes de mais nada, eu preciso ver quanto é que vão nos pagar hoje. Esperem aqui, crianças, pode ser que eu compre a carne. *Ela continua caminhando e alguns distintivos caem da cesta* — Tome mais cuidado, Jean, na certa a gente já deve ter perdido outros pelo caminho. Senão, eu vou ter outra vez que ficar falando pelos cotovelos, para que eles não percebam quando forem contar.

Senhor Gordo — Em toda parte, negócios! Negócios e mais negócios, enquanto os prussianos fazem a guerra.

Garçom — Pequenos e grandes, monsieur.
De trás, ouvem-se passos de marcha e ruídos.

Senhor Gordo — Que é isso? Você, corre até lá, vai ver o que está acontecendo que eu te dou cinco francos.
Uma criança sai correndo.

Mme. Cabet — Nós trouxemos os distintivos, Emile.

Garçom — Mme. Cabet, esse monsieur tem um pequeno trabalho para o seu Jean.

Mme. Cabet — Ah! Que bondade, a sua. Jean já está há dois meses sem trabalho. Ele é condutor de locomotiva, mas os trens já não andam mais. Você está interessado, Jean?

Jean — Eu não gosto de fazer biscate, mãe, você sabe disso.

Mme. Cabet — Me desculpe. Jean é o melhor de todos os homens, mas tem lá as suas opiniões. Ele saiu muito parecido com seu falecido pai.

Eles levam a cesta para o interior do café.

SENHOR GORDO — Essa guerra não vai durar muito. Podem acreditar em mim, Aristide Jouve. Todos os negócios que se podia fazer com essa guerra já estão feitos. Não sobrou mais nada.

Pela travessa de baixo aparecem três membros da Guarda Nacional que caminham capengando, vindos da frente de batalha. O primeiro, "Papa", é um operário de construção civil de meia-idade; o segundo, Coco, um relojoeiro; o terceiro, François Favre, um jovem seminarista, que tem um braço numa tipóia. Trazem como prisioneiro um soldado alemão armado de couraça, que tem uma bandagem suja presa ao redor do queixo.

AS CRIANÇAS — Um Fritz! — Espancaram você, Fritz? — A gente pode passar a mão nas dragonas dele, messieurs?

PAPA — Fiquem à vontade.

AS CRIANÇAS — Está tudo bem lá na frente?

PAPA — Sim, para os prussianos.

AS CRIANÇAS — Mas dizem que o governador não vai capitular.

PAPA — Pelo menos não diante dos franceses, meu filho. Como é que se diz? Abaixo o Go...

AS CRIANÇAS — ... vernador!

PAPA *para o garçom* — Três copos de vinho; não, quatro.

GARÇOM — Pois não! Mas o patrão exige o pagamento adiantado. Quatro copos de vinho são doze francos.

COCO — Homem, você não está enxergando? Nós estamos vindo das linhas de batalha.

GARÇOM *em voz baixa* — Doze francos.

Coco — Estão malucos.

Papa — Não, não estão malucos, não; nós é que estamos, Gustave. Loucura é se deixar matar por um franco e meio por dia! É o equivalente a meio copo de vinho aqui, não é? E lutar com o quê? De que maneira? *Coloca o fuzil debaixo do nariz do senhor gordo* — Essa é uma arma de carregar pela culatra, dos anos quarenta, boa o suficiente para os novos batalhões. Um fuzil Chassepot decente, que custou setenta francos ao Estado, hoje custaria duzentos. Mas com eles, a gente acertaria no alvo, monsieur.

Coco — Traz esse vinho, sacana, senão você vai ver. Nós defendemos Paris enquanto vocês, seus usurários, ganham dinheiro com a bebida.

Papa — Monsieur, nós não expulsamos aquele peste, proclamamos a República e organizamos a Guarda Nacional para que outros venham lucrar com os nossos sacrifícios!

Senhor Gordo — Aí está ela: a anarquia! Os senhores não querem defender Paris, o que querem é conquistar Paris.

Coco — Ah é? E você e os iguais a você são os donos de Paris, não é? *A Papa* — O gordo é bom. Ou talvez seja o caso de dizer: o bom é gordo. O cerco da cidade não afeta muito a ele, não é?

Senhor Gordo — Messieurs, os senhores parecem que esqueceram onde fica a frente de combate.
A criança, que havia saído correndo, volta.

Papa — Como é isso? *Para o terceiro guarda, um homem jovem com o braço numa tipóia* — François, esse monsieur está insinuando que você já se esqueceu onde você foi ferido.

Coco — Monsieur está querendo dizer que devemos ter sempre o Fritz na cabeça quando nos negam o vinho. Fritz, que é que você acha disso? Você, afinal, não é assim tão gordo.

Garçom, um vinho para o Fritz, senão nós quebramos o café. Quatro copos de vinho por dois francos, ouviu?

Garçom — Perfeitamente. *Sai.*

Senhor Gordo — Você fique aqui, está ouvindo?

As Crianças *cantam* — O Fritz não é gordo. O Fritz não é gordo.

A Criança *que regressou* — Monsieur, o que o senhor ouviu foi o Batalhão 207. Estão muito descontentes e estão marchando em direção à Câmara Municipal para enforcar os generais.

Senhor Gordo — Messieurs, enquanto os prussianos...

Papa — É, enquanto os prussianos! O cerco! Rompei o cinturão de ferro, cidadãos! Combatam os prussianos e vocês terão batatas outra vez! Já estamos começando a ver quem são os que nos sitiam. Sobretudo você e os que são como você. Ou será que são os prussianos que fazem subir o preço das batatas?

Senhor Gordo — Messieurs, eu ouço os senhores discutirem o preço das batatas, enquanto se continua lutando nas frentes...

Papa — Se continua lutando! Se deixando matar, você quer dizer! Você sabe o que está acontecendo lá? Nós passamos a noite inteira na chuva e enfiados no barro dos campos de Mont Valérien. E eu com o meu reumatismo! O ataque começou às dez horas. Assaltamos o reduto de Montretout, o Parque de Buzerval, tomamos St. Cloud, avançamos até Garches. Dos cento e cinqüenta canhões só trinta dispararam, mas nós tomamos Garches sem o apoio da artilharia. Cruzamos as linhas, os prussianos em franca retirada, então da retaguarda veio a ordem: alto! Esperamos duas horas, então veio a ordem da retaguarda: recuar! E Trochu nos fez evacuar Montretout e todas as posições conquistadas. O que significa isso, monsieur?

Senhor Gordo — Eu suponho que os seus generais saibam onde o inimigo concentra seu fogo.

Coco — Sabem, sim: é para lá que eles enviam a Guarda Nacional, monsieur.

Senhor Gordo — Isto basta. Por acaso os senhores sabem o que estão dizendo? Estão acusando os seus comandantes, os generais da França, de traidores? Eu deveria, talvez, perguntar que provas é que os senhores têm?

Papa — Ele quer provas, Gustave. E nós não temos nenhuma. A não ser a morte. A não ser que nós morremos como moscas. Pois bem, o senhor está morto, monsieur, seja lá quem for. Queira nos fornecer a prova de que lhe bateram na cabeça. Diga uma só palavra e nós iniciamos o processo. Ah, o senhor se cala? Eu me preocupo com toda gentileza de suas reivindicações, monsieur, seja lá quem for, e o senhor nem se mexe!

Senhor Gordo — Já conhecemos suas reivindicações e demonstrações diante da Câmara Municipal. São as conhecidas chantagens da Comuna!

Coco — Continue falando. Nós temos tempo. Estamos esperando ainda o 101º para começar o ataque.

Senhor Gordo — A única coisa que interessa é que os senhores não querem pagar seus aluguéis. Enquanto a França está empenhada numa luta de vida e morte, pensam é nos seus salários e nas pensões. A manteiga está muito cara! Mas acautelem-se, a paciência de Paris está no fim. *Os Guardas Nacionais estão de pé e em silêncio.* Os senhores é que são os traidores! Mas nós já estamos começando a ler os seus jornais com menos prazer, notem bem isso. Chega do egoísmo de uma certa plebe. Chega, chega!

O Garçom volta com quatro copos de vinho e uma panela coberta com um guardanapo. O senhor gordo faz sinal para que ele não se aproxime.

Garçom — O seu frango, monsieur.

Coco — Monsieur, o seu frango!

Senhor Gordo — Eu vou fazer com que ponham os senhores para fora daqui. Já estou farto dos senhores e de toda a Guarda Nacional. Não se atrevam...
O senhor gordo afasta-se com rapidez.

As Crianças — Monsieur, os cinco francos! *Saem atrás dele.*

Garçom — Messieurs, permitam-me que eu lhes ofereça um refrigerante.

Coco *quer encher um copo de vinho para o Couraceiro* — Toma, Fritz. Ah, pobre diabo, você não pode beber, pobre desgraçado. Então, à tua saúde!
Eles bebem. Do café, vem Mme. Cabet e seu filho, os dois sempre carregando a cesta.

Jean *para o garçom* — Onde é que está o senhor, o que queria me dar um trabalho?
O Garçom faz sinal para que ele se cale. O jovem ferido reconhece os Cabet.

François — Mme. Cabet!

Jean — François!

Mme. Cabet — François, você está ferido? Eu devo lhe pedir que você me pague a sua parte do aluguel do quarto. Você sabe, o governo agora exige o pagamento dos aluguéis atrasados. E aí dentro já não querem mais comprar os meus distintivos. Estou arruinada, vão nos jogar na rua.

François — Mas Mme. Cabet, já faz três semanas que eu não recebo o meu soldo. Eu também estou passando por um mau bocado neste momento.

Mme. Cabet — Mas quando é que você vai pagar? Não se riam, Messieurs, ele é meu inquilino.

Coco — Sim, François, quando é que você vai pagar? Senhora, nós compreendemos suas preocupações. Só o que podemos lhe dizer é que dois batalhões, que voltam depois de sofrerem muitas baixas num combate de dois dias, neste momento estão indo em direção à Câmara Municipal para colocar algumas questões bastante delicadas ao governo.

Papa — Entre estas questões, bem poderia figurar também uma prorrogação no pagamento dos nossos aluguéis. Enquanto isso, a única coisa que podemos oferecer-lhe, como uma pequena atenção de nossa parte, é este frango, que um senhor encomendou mas não comeu.

Conduzem Mme. Cabet para a mesa, apanham a panela das mãos o garçom e, com elegância, servem o frango assado à Mme. Cabet.

Papa — Garçom, no futuro seria aconselhável que o patrão pedisse o pagamento adiantado aos clientes mais distintos. Podem se passar circunstâncias imprevistas que tornem impossível eles terminarem a comida. Isso vai te criar problemas?

Garçom — Consideráveis, monsieur. Finalmente tenho que decidir a me juntar aos senhores. Pode ser que o Governo pague o frango para a Mme. Cabet? Dois batalhões da Guarda Nacional talvez sejam o suficiente para impor esta exigência.

Coco — À sua saúde, madame!

Papa — Bom apetite! O 101º considera uma honra tê-la como convidada.

Mme. Cabet — Messieurs, os senhores são muito amáveis. Eu hoje casualmente não estou com muita coisa no estômago. O frango é meu prato favorito. Me permitem que eu dê um pouco ao meu Jean?

Jean — Talvez interesse a esses senhores saber porque os que estão lá dentro já não querem mais comprar os distintivos. Segundo as novas instruções vindas de cima, os funcionários consideram encerrado o recrutamento para os novos batalhões da Guarda Nacional.

Coco — O quê? Você escutou isso, Papa?

Papa — Isso não me preocupa. A senhora vem conosco até a Câmara Municipal.

Coco — A senhora compreendeu, madame? Papa quer que a senhora venha junto com a gente até a Câmara Municipal para mostrar os seus distintivos, que não são mais necessários. Ponha o seu frango dentro da cesta.

François — Aí vem também o 101º !
Atrás e por cima da grade de madeira vê-se o Batalhão 101. O batalhão vai passando — baionetas com pedaços de pão espetados, bandeiras. Os Guardas ajudam Mme. Cabet a levantar-se e a levam com eles.

Papa *apontando para Jean* — O que é que tem aquele ali? Por que ele não luta? Será que nós, dos novos batalhões, somos muito de esquerda para ele?

Mme. Cabet — Ah, não, monsieur. Eu acho que um pouquinho de direita, me desculpem, heim!

Papa — Ah!

Jean — E a partir de agora me considerem como um dos seus, messieurs. O novo objetivo dos senhores me atrai.
Papa apanha o quepe de François e coloca-o na cabeça de Jean Cabet.

François — Eu já estava profundamente aborrecido sem você.
Afastam-se. O Garçom joga seu guardanapo sobre a mesa, apaga a lâmpada e também quer segui-los. Seu olhar cai no Couraceiro, que foi esquecido. Acena-lhe com as mãos para que ele se levante e empurra-o para ir atrás dos Guardas Nacionais.

Garçom — Adiante, Fritz, adiante.

2

25 de janeiro de 1871. Bordeaux. Thiers e Jules Favre conversam. Thiers ainda está com roupa de banho. Ele controla a temperatura de sua banheira e manda o criado de quarto misturar água fria e quente.

Thiers *bebe seu leite matinal* — Vamos acabar com essa guerra, ela está começando a se transformar numa monstruosidade! Nós a fizemos e nós a perdemos. Que estamos esperando agora?

Favre — Mas e as exigências dos prussianos? O senhor Bismarck fala em cinco milhões de indenização pela guerra, da anexação da Alsácia e da Lorena, da não devolução de todos os prisioneiros de guerra e da ocupação permanente dos fortes, até que tudo esteja liquidado segundo seus desejos! Isso é a ruína!

Thiers — Mas e as exigências desta gente de Paris, isso também não é a ruína?

Frave — Certamente.

Thiers — O senhor toma café? *Favre nega com a cabeça.* Então, leite, como eu? Isso também não lhe está permitido? Ah, Favre, se nós ainda tivéssemos estômago! E o apetite continua! Mas, voltando ao senhor Bismarck. Um estudante enlouquecido pela cerveja! Ele exagera nas suas exigências, porque ele sabe que nós temos que aceitá-las, todas.

Favre — Temos, mesmo? Mas as minas de ferro e de estanho de Lorena, elas são o futuro da indústria francesa!

Thiers — Mas e os nossos agentes de polícia, que são jogados dentro do Sena? De que servem à França as minas de estanho e de ferro, se nós temos a Comuna?

Favre — Cinco bilhões! Esse é o nosso comércio!

Thiers — Esse é o preço da ordem.

Favre — E a supremacia da Prússia na Europa por três gerações.

Thiers — E a garantia de nosso domínio por cinco.

Favre — Nós nos transformaremos num país de camponeses, ainda neste século!

Thiers — Eu conto com os camponeses. A paz apóia-se neles. O que significa Lorena para eles? Não sabem nem onde fica! Você devia tomar pelo menos um copo d'água, Favre.

Favre — Isso é realmente necessário? É isso que eu me pergunto.

Thiers — Mesmo um gole de água ainda é vida. Só o ato de engolir. Ah, claro, sim, também outra coisa é necessária, absolutamente. O preço da ordem.

Favre — Esses Guardas Nacionais são a desgraça da França. Nós fizemos o patriótico sacrifício de armar a ralé para lutar contra os prussianos e agora eles usam essas armas contra nós. Tudo isso é verdade, mas, por outro lado, não se pode também dizer que é verdade que esta gente defende Paris, que finalmente se está lutando?

Thiers — Meu querido Favre, o que significa isso: Paris? Nestes círculos se fala de Paris como de alguma coisa sagrada, que seria melhor incendiar do que entregar ao inimigo — esquecem que está constituída por certos valores, esquecem porque eles mesmos não possuem nenhum. Os crápulas estão dispostos a fazer tudo saltar pelos ares — claro, não pertence a eles. Gritam por petróleo, mas para as autoridades, para nós, Paris não é nenhum símbolo, mas sim uma propriedade — incendiá-la não significa defendê-la. *Ouvem-se passos de marcha. Os senhores ficam imóveis. Thiers, demasiado excitado para falar, faz gestos exagerados ao criado de quarto para que vá a janela.*

Criado de Quarto — É uma de nossas companhias de Marinha, monsieur.

THIERS — Se acreditam que eu vou poder esquecer esta humilhação...

FAVRE — Mas Bordeaux está tranqüila, não?

THIERS — Que significa tranqüila? Talvez esteja demasiadamente tranqüila! Esse exemplo! Favre, temos que exterminá-los. Temos que esmagar estes linguarudos sujos nas calçadas, em nome da cultura. A nossa civilização se assenta na propriedade, que precisa ser defendida a qualquer preço. O quê? Eles se atrevem a nos dar ordens, dizer o que devemos entregar e o que devemos guardar? Que venham sabres e cavalarias! Se somente um mar de sangue pode lavar Paris para livrá-la destes vermes, então que seja um mar de sangue! Meu guardanapo!

O criado de quarto estende-lhe o guardanapo, Thiers limpa a espuma da boca.

FAVRE — Você está se exaltando demais, pense na sua saúde, que é tão cara a todos nós!

THIERS *sufocando* — E vocês armaram eles! Desde aquele momento, desde a manhã de 3 de setembro, só um pensamento me preocupa: como terminar a guerra, depressa, imediatamente.

FAVRE — Mas infelizmente eles lutam como demônios. O bravo Trochu tem razão: a Guarda Nacional não tomará juízo enquanto dez mil de seus homens não estiverem sangrando, é isso. Ele manda-os para a batalha como bois ao matadouro, para acalmar suas ambições.

Sussurra algo ao ouvido de Thiers.

THIERS — Não, ele pode escutar sem problemas, Hyppolite é um patriota.

FAVRE — E posso assegurar-lhe, monsieur Thiers, que com respeito a este ponto o senhor conta com toda a simpatia do senhor Bismark.

THIERS *secamente* — Me alegro de escutar isso, sobretudo depois que, segundo me chegou aos ouvidos, ele me negava até mesmo a capacidade de ser um comerciante de cavalos, e isso depois de ter me conhecido pessoalmente!

FAVRE — Isso são impertinências, elas nada têm a ver com a verdadeira opinião dele sobre o senhor.

THIERS — Posso afirmar-lhe, de minha parte, que eu estou acima das questões pessoais, meu querido Favre. A mim o que interessa é saber como o senhor Bismarck pensa em nos ajudar.

FRAVE — Ele pessoalmente me propôs, logo após o armistício, conceder à população certas liberdades de aprovisionamento, que mais tarde voltariam a ser racionadas pela metade, até que entreguem as armas. Isso, em sua opinião, será mais eficaz que a ininterrupta fome de agora.

THIERS — Não é mau. Assim faremos os senhores parisienses recordarem qual é o gosto da carne. Talento é coisa que eu nunca neguei ao senhor Bismarck.

FAVRE — Ele deseja inclusive frear as firmas de Berlim que estão interessadas no envio de alimentos para Paris.

THIERS — Uma parte do talento sempre implica na coragem, não é Favre? Nós obrigamos os prussianos a ocuparem aqueles subúrbios nos quais a Guarda Nacional instalou seus canhões.

FAVRE — Esse é um ponto essencial, excelente.

THIERS — Existem, eu acho, além do senhor Bismarck, ainda mais outras pessoas que possuem talento. Por exemplo, incluiremos no contrato de capitulação uma cláusula segundo a qual a primeira cota de indenização, que será de quinhentos milhões, só será paga depois da pacificação de Paris. Isso dará ao senhor Bismarck um interesse pela nossa vitória. A palavra pacificação, eu gostaria que fosse empregada com mais freqüência. É uma dessas palavras que explicam tudo. Ah, sim, a indenização da guerra! Hyppolite, você pode nos deixar a sós.

Criado de Quarto — O banho está na temperatura certa, monsieur. *Sai.*

Thiers — O que estão pensando sobre estas somas?

Favre — Foi feita a proposta de que algumas firmas alemãs, especialmente a do senhor de Bleichröder, o banqueiro do próprio senhor Bismarck, financiem a indenização de guerra. Se falou em certa comissão... eu, naturalmente, como membro do Governo, me recusei a aceitar uma percentagem.

Thiers — Naturalmente. Se mencionaram cifras?
Favre escreve um número numa folha de papel. Thiers apanha o papel e lê.

Thiers — Impossível.

Favre — É como eu lhe disse.

Thiers — Nós temos que conseguir a paz. A França precisa dela. Eu espero que eu tenha o poder para alcançá-la.

Favre — Sua eleição está absolutamente assegurada, monsieur Thiers. Vinte e três departamentos estão lhe apoiando, todos departamentos rurais.

Thiers — Eu vou precisar do poder. As forças da desordem estão armadas.

Favre — Monsieur Thiers, a França teme por sua saúde. Somente o senhor ainda pode salvá-la.

3

a

Noite de 17 para 18 de março. Rue Pigalle. No meio da rua está um canhão. É uma da madrugada. François Favre e Jean Cabet montam guarda ao canhão, sentados em cadeiras de palha. Babette Cherron, que estava sentada nos joelhos de Jean, levanta-se.

BABETTE *acariciando o canhão* — Boa noite, querido.
Dirige-se lentamente para uma casa no fundo da rua.

JEAN — A gente tem que dar um presente às garotas. Isso faz elas ficarem excitadas, porque elas são materialistas. Antes era um lindo toucador, agora é um dos canhões que monsieur Thiers queria entregar ao senhor de Bismarck.

FRANÇOIS — A essa hora já estaria com ele, se nós tivéssemos ido buscar os canhões. Geneviève não é materialista.

JEAN — A professorinha? Não, ela é puro espírito, e é por isso que você gostaria de levar ela para a cama.

FRANÇOIS — Eu não quero levar ela para a cama.

JEAN — A Babette disse que ela tem um corpo lindo.

FRANÇOIS — Como é que você pode falar com uma sobre a outra?

JEAN — Pois se elas moram juntas. Aliás, ela está noiva. Ele é prisioneiro de guerra, um tenente. O que ela tem de melhor é o peito.

FRANÇOIS — Você está querendo me irritar.

JEAN — Quando se escuta você falando sobre garotas, ninguém diria que você vem do campo. Com certeza quando você tinha uns quatorze anos, já deve ter tido alguma coisinha com alguma guardadora de vacas.

François — Você não vai conseguir me irritar.

Jean — Não? Em todo caso, eu falei a Babette prá dizer a Geneviève que você está interessado nela. Talvez ela ache divertido tentar desencaminhar um jovem seminarista como você.

François — Eu sou físico.

Jean — Está bem, físico. Física não é a ciência dos corpos?

François — Você mesmo acabou de dizer que ela namora um tenente.

Jean — Que ela está noiva dele.

François — É a mesma coisa.

Jean *ri* — Você tem uma visão errada das coisas. Como se uma pessoa quisesse ir para a cama com outra só por amor! A verdade é que quando a gente se levanta de manhã a gente já sabe: hoje eu vou precisar ter uma. Por que teria que ser diferente com as mulheres? É uma necessidade. Não nasce forçosamente da contemplação de um peito em especial, mas porque sim, e só depois é que se acha que o peito é especial. A mesma coisa acontece com as mulheres. Em resumo, se algum dia te aparece a ocasião, aproveita. Com a Geneviève também.

François — Isso não. E agora eu vou para a cama. *Levanta-se.* Eu estou contente por ter o meu quarto de volta na casa de vocês.

Jean *levantando-se também* — Eu também acho que nós não precisamos mais ficar aqui de guarda. A não ser que nos ataquem no meio da noite. Amanhã vai ter pão branco, eu ouvi dizer.

François — Me diz, Jean, já que a gente falou de Física! O meu microscópio e o livro do Lavoisier ainda estão na casa do teu tio?

JEAN *confuso* — Na casa do meu tio? De Langevin?

FRANÇOIS — A tua mãe deu prá ele guardar. É só porque eu vou precisar um pouco do Lavoisier.

JEAN — Claro.
Levam as cadeiras para dentro da casa.

b

Cinco horas da manhã. Diante de uma padaria ainda fechada, estão várias mulheres, entre elas Geneviève Guéricault e Babette.

AS MULHERES — Pão branco de Papa Thiers! Isso deve ser para nos fazer tragar essa paz vergonhosa. — Paris por dez toneladas de farinha! — E não chegou nenhum trem, a farinha estava aqui! — Mas o meu velho teve a perna cortada ainda na semana passada. Uma granada. E na mesma hora em que eles estavam em negociação! — Alguma coisa já devem estar tramando novamente, que grátis eles não dão nada. Lá na casa onde eu era lavadeira, quando a patroa me deu de presente umas cuecas rasgadas, aí eu fiquei sabendo que ela tinha denunciado o meu Emile por ele ter falado coisas que ele pensava! — "Eu levo a minha perna comigo para casa", o meu velho falou prá eles, "senão lá na secção de aposentados vão dizer que eu só tinha uma". Thiers recebe cinco milhões dos alemães. E ganhava quanto de certos franceses? — A gente se entrega, ainda que a Guarda Nacional tenha mais de trezentos mil homens só em Paris! — É porque tem trezentos mil em Paris! — E está todo mundo contente porque os prussianos não querem devolver os prisioneiros de guerra antes de receberem o dinheiro. — Uma bosta, a guerra deles! É bom que ela acabe! — Mas quem é que paga a paz? — Nós, cidadãs! Quem senão nós? Os que não têm nada é que pagam! — Ah, nós não temos nada? Nós temos duzentas mil baionetas, madame. — Eu estou dizendo: é só uma trégua, eles não vão tomar os subúr-

bios, nem os prussianos, nem mesmo o Thiers. — Em Paris esse senhor Bismarck não se atreveu a entrar, não é? Paris não estava à venda. — Então, você acabou levantando cedo, a velha queria ficar sozinha, é? Para que um outro fosse se colar lá, é?
Chegou um homem com um cartaz. Cola-o na parede e sai. Babette sai da fila e lê o texto.

BABETTE — É do monsieur Thiers! "A paz é a ordem! Habitante de Paris, vosso comércio está paralisado, as encomendas diminuem, o capital se retrai. Os culpados deverão ser entregues à justiça. A ordem deve ser reestabelecida de forma completa, imediata, indestrutível." — Lá, lá, lá.
A dona da padaria começou a tirar as grades de ferro da porta do estabelecimento.

AS MULHERES — A senhora ouviu, Mme. Pullard? Os negócios vão mal, apesar da guerra. — Como é verdade isso! Desde a semana passada ninguém me encomenda nenhuma locomotiva e o meu capital está diminuindo bastante em conseqüência das maquinações da Guarda Nacional. O de vocês não?

A DONA DA PADARIA — Manifestações, manifestações, manifestações! Eu acho que o pão branco do governo fala bem claro por si mesmo, minhas senhoras.

AS MULHERES — Pão branco com ordem, o pagamento dos aluguéis, heim?

BABETTE — A tinta de cartaz ainda está úmida, parece que eles têm pressa.

AS MULHERES — Os gazes chegam antes de comer o pão, não é? Estes senhores não podem soltar nem um pouquinho de pão sem começarem a peidar alguma coisa sobre a ordem! Atenção ao que está falando, cidadã, atenção à ordem! — O que a mademoiselle Guéricault, que é professora e não sabe nada sobre gazes, vai dizer sobre isso? — Deixe a mademoiselle Guéricault em paz. Ela está de acordo e concorda com o que eu disse, e além disso ela estava presente quando os Cabets e Papa trouxeram de volta os canhões de Clichy, antes que os prussianos chegassem. — Você também acredita que monsieur Thiers cedeu Clichy aos prussianos só porque os nossos canhões estavam lá?

GENEVIÈVE — Sim, eu acredito, cidadã. O comitê Central da Guarda Nacional recebeu informações que confirmam isso.

AS MULHERES — Ela está metida na política — E se está, só por isso ela não ia dizer a verdade? — Meu velho diz que a perna dele não foi arrancada por uma granada, mas sim pela política, é isso, porque ele está metido na política, e lê La Patrie en Danger.

Alguns Soldados de Linha, entre eles Philippe Favre, aparecem junto ao canhão. Babette, que ainda está parada diante do cartaz, dirige-se a Philippe.

BABETTE — Ah, Philippe, você voltou? Você chegou mesmo na hora, a padaria está aberta outra vez.

PHILIPPE — Calma, Babette, eu não quero dizer bom dia à patroa. *Junta-se com seus camaradas ao redor do canhão.*

BABETTE — O que vocês querem fazer com o canhão?

PHILIPPE — Levá-lo para Versailles. É uma ordem.

BABETTE *grita para as mulheres* — Eh, vocês! Eles querem roubar o canhão!

AS MULHERES — Querem o quê? Esses idiotas?

GENEVIÈVE *que se aproxima rapidamente* — Philippe! Você não tem vergonha?

BABETTE — É o ajudante do padeiro, foi ele quem trouxe eles prá cá, porque conhece bem o bairro.

Philippe — Porque é que vocês estão na rua tão cedo? Não vão agredir a gente.

Geneviève — Porque nós devíamos receber pão branco, para deixarmos a vocês os canhões, como as ovelhas deixam a lã.
As mulheres se aproximam correndo.

As Mulheres — Ei, vocês? Isso é nosso. — Foram pagos com o nosso dinheiro, fazendo coleta aqui no bairro.

Philippe — Mas a guerra já acabou.

Geneviève — Ah, e então agora vocês querem uma guerra contra nós?

Philippe — Os canhões devem ser entregues aos prussianos.

As Mulheres — Então deixem que os prussianos venham buscar. Tirem as mãos! Vocês não se atrevam a tocar neles, seus merdas! — Chamem a Guarda, na casa dos Cabets.
Geneviève corre para a casa onde moram os Cabets. Toca a campainha. Mme. Cabet aparece na janela.

Geneviève — Acorde o Jean, vieram para levar o seu canhão. *Volta correndo.* — Os canhões não são para os prussianos, são para monsieur Thiers. Ele precisa deles contra nós, não permitam isso cidadãs!

As Mulheres — Tirem as mãos do canhão! — Este canhão é de madame Cabet.
Jean e François saem precipitadamente da casa em mangas de camisa.

Babette — Jean, vieram buscar o canhão. Philippe guiou eles até aqui.
Das ruas vizinhas se escutam ruídos, tiros de fuzis e depois sirenes de alarme.

Geneviève — Na Rue de Abernacle também existem canhões. É uma agressão contra todo o bairro. Agora nós sabemos porque é que ganhamos pão branco!

Jean *grita para trás* — François! Teu irmão vem da parte de Thiers!

Philippe *cercado pelas mulheres* — Está bem, está bom. Me deixem passar. Eu estou cumprindo ordens, minhas caras.

Jean — Sim, afastem-se para nos aproximarmos.

François *vem correndo, empunhando uma baioneta* — Deixe o canhão onde está, Philippe, ele não pertence a vocês.

A Dona da Padaria *desde a padaria* — Você cumpra as ordens que recebeu, Philippe, ou então não volte nunca mais para a padaria.

Philippe — Desde quando você está na Guarda Nacional?

François — A escola está fechada. Afastem-se para o lado.
As mulheres recuam. François aponta.

Philippe — Larga o fuzil, rapaz.

Babette — Mate ele!

Geneviève *vai para a frente de Philippe* — Não derramem sangue!

Jean *afasta-a da linha de tiro* — Não se meta.

Philippe *apontando* — Baixa o fuzil, rapaz.

François — Se você fizer um movimento, eu atiro. Padre Nosso que estás no céu, Santificado seja o vosso nome...
Continua rezando, enquanto aponta.

As Mulheres — Então, vocês querem nos massacrar! — Só porque os seus infames generais ordenaram!

Geneviève — Vocês não podem levar os canhões, seus desgraçados. A gente vai se jogar na frente das rodas.

Philippe — Eu conto até três. Um...

Mme. Cabet *que saiu da casa com Papa* — Philippe, baixe imediatamente este fuzil, você sabe que você é um ignorante, como é que você se atreve a contradizer o teu irmão, que estuda física? E aqui está um pouco de vinho que eu trouxe para vocês. Certamente eles mandaram vocês para cá sem terem nem tomado o café da manhã.

Philippe *volta-se para seus camaradas, que não haviam erguido seus fuzis e lentamente baixa o seu* — Madame Cabet, a senhora está me impedindo de cumprir uma ordem.

As Mulheres *riem e se põem ao redor dele* — Boa, padeiro. — Ninguém pode exigir que você atire no seu próprio irmão, não é?

A Dona da Padaria — Você está despedido, Philippe, eu não dou emprego a nenhum traidor.

Babette *beija Philippe* — Isso é pela traição.

Philippe — Eu não sou nenhum irmão nem nenhum padeiro, minhas senhoras. Eu estou de serviço.

François *inseguro, para Geneviève* — E para mim, nada?

Geneviève *alegre* — Pega o que você precisar.

François — Isso não é resposta.

As Mulheres *que estão entre os soldados* — Vocês não têm vergonha, não conseguem estar perto de mulheres sem pensamentos indecentes!

Os Soldados — A guerra acabou, nós queremos voltar para casa.

As Mulheres — Ora, ora, ele quer voltar para casa! — De onde você é, filhinho?

Soldado — De Auvergne, e lá já está na hora de começar a pensar em semear. Nisso, vocês malditos da cidade, vocês nem pensam, né.

As Mulheres — Bebe um pouco, meu menininho! — Vem, mostre prá nós a coronha, não as embocaduras, buracos nós temos. — Madame Cabet, uma manta, estão tremendo de frio, assim o amor não é possível.

Geneviève — O canhão pertence à Madame Cabet, que mora aqui. Seria tão difícil levar ele como levar embora as panelas dela!

Papa — Viva Madame Cabet, a única proprietária do canhão da Rue Pigalle! *Ergue-a nos braços e coloca-a sentada em cima do canhão. Para os soldados* — O que a gente precisa é conversar, estão vendo. *Para as mulheres* — Agora vocês têm ele de volta, cuidem dele, sobretudo não deixem nenhum mais sair de Paris, conservem a todos, apertem eles no peito ou nos dois peitos. É, assim não vão fazer mal a ninguém.

Um operário, Pierre Langevin, vem da rua ao lado, onde o tumulto diminuiu. Vem acompanhado por crianças.

Langevin — Olá, Papa! Aqui vocês conseguiram enfrentar eles? Sem derramamento de sangue?

Philippe *para seus camaradas* — O que é que nós podíamos fazer, se não nos mandaram nenhum cavalo? Não podíamos sozinhos passar com todas as coisas por cima dessas mulheres!

Papa — Tudo em ordem. Como estão as coisas em outros lugares?

Langevin — Todo o bairro está de pé. Até agora não levaram nenhum canhão.

As Crianças — Tentaram apanhar os nossos canhões no Moinho La Galette, e na Rue Lepic mataram dois dos nossos.

Mme. Cabet *para os soldados* — Messieurs, este é o meu cunhado, Pierre Langevin, do Comitê Central da Guarda Nacional.

Langevin — Na Rue Granot, o general Lecomte mandou abrir

fogo, mas os seus homens confraternizaram conosco e prenderam ele.

Papa — Onde está ele? Foi ele, esse cachorro, todo Paris sabe, foi ele que exigiu uma sangria na Guarda Nacional.

Langevin — Ele foi levado para o posto da Guarda.

Papa — A justiça somos nós.

Mme. Cabet — Alguém poderia talvez me ajudar a descer do canhão?

Langevin *para os Soldados de Linha* — E vocês pretendem fazer o quê? Enquanto tiverem os fuzis...

Um Soldado — Merda. Contra os próprios.
Os soldados levantam as coronhas de seus fuzis.

Geneviève *para as crianças* — E vocês podem arrancar estes estúpidos cartazes.
As crianças arrancam o cartaz.

Jean — Vocês! Ajudem minha mãe a descer. E, agora, vamos outra vez para a Câmara Municipal! Prisão para Thiers! Ele vai ter que nos dizer o que pretendia fazer com os canhões.

Babette — Três beijos para quem trouxer Thiers vivo!

c

Oito horas da manhã. A Dona da Padaria volta a colocar as barras de ferro diante da porta. Philippe está de pé ao lado da porta e observa, mal-humorado, uma mulher bastante grande que, com um fuzil no ombro, anda de um lado para o outro diante do canhão.

Dona da Padaria — É certo que vai haver desordens. Se eles agora organizam essa Comuna de que toda gente fala, vai haver saques. Vai ser tudo repartido, aí cada um gasta a sua parte e repartem outra vez. Você é um revolucionário e não venha nunca mais para junto do meu forno. E o teu irmão, um jovem sacerdote! E também um revolucionário!

Philippe — Ele está no seminário porque senão não poderia estar estudando.

Dona da Padaria — Assim, ele também rouba o custo de seus estudos dos bons irmãos de Saint Joseph! Isso é típico de vocês — gente da Comuna!
Furiosa, entra na padaria. Da casa da vizinha, sai Geneviève.

Geneviève — Bom dia, Philippe. Como é que você se sente nos novos tempos? *Ele resmunga.* Porque é isso que nós temos agora. A violência acabou. Os canhões, nós já tiramos deles.

Philippe — Sim, vocês, mulheres, agora têm os canhões. Novos tempos, minha cara.
Abatido, entra na casa onde moram os Cabets e seu irmão. Geneviève com alegria calça suas luvas. Pela rua, com ar sombrio, vem Papa.

Geneviève — Bom dia, monsieur. O senhor não esteve hoje de manhã na Rue Granot, onde prenderam o General Lecomte? O que aconteceu com ele?

Papa — Foi fuzilado, cidadã.

Geneviève — Estava certo? Quem fuzilou ele?

Papa — Quem deveria fuzilá-lo? O povo.

Geneviève — Sem julgamento?

Papa — Claro que não. Depois de ter sido julgado pelo povo.

Geneviève — E o senhor estava lá?

Papa — Estavam lá todos os que estavam lá. E não quebre a cabeça pelos inimigos do povo, isso agora é sério.
Entra mal-humorado na casa dos Cabets. A professora segue-o com o olhar, desconcertada.

4

19 de março de 1871. Câmara Municipal. A escadaria que conduz à sala de reuniões do Comitê Central da Guarda Nacional. Diante da porta está sentado um Guarda Nacional: come pão com queijo e controla os passes de entrada. Papa, Coco e Mme. Cabet estão esperando. Os Delegados chegam para a sessão.

DELEGADOS — É preciso chegar a um entendimento com os prefeitos dos vinte distritos, se quisermos anunciar novas eleições. — Ao contrário! Temos é que mandar um batalhão para prender eles, são umas hienas, senão não teriam sido nomeados prefeitos. — O principal é reunir uma quantidade esmagadora de votos. Paris inteira irá às urnas se os prefeitos se unirem a nós. Temos que receber eles. — Pelo amor de Deus, nada de violências, a gente não ganha Paris aterrorizando. — O que é isso, Paris?

Todos os delegados entram, menos um.

PAPA *dirigindo-se a ele* — Cidadão do Comitê Central, o senhor poderia dizer ao cidadão Pierre Langevin, que está lá dentro, que nós precisamos falar com ele? Esta aqui é a cunhada dele. Por que não deixam as pessoas entrar?

DELEGADO DA COMUNA — A sala é muito pequena. E não esqueça, cidadão, que o inimigo nos escuta.

PAPA — É mais importante que o povo possa escutar. Pelo menos deixem a porta aberta.

O Delegado do Comitê entra e deixa a porta aberta.

UMA VOZ — Moção urgente do Batalhão 67! Considerando que o povo de Paris não poupou sangue nem sacrifícios em defesa da pátria, será entregue aos vinte distritos, para ser dividida, a quantia de um milhão de francos, obtida com o corte de vencimentos do governo de traição.

GRITOS — Apoiado!

MME. CABET — Estão indo diretamente ao centro da questão, não é?

Papa — O mais importante é marchar em direção à Versailles.

Mme. Cabet — Não vai somente ter pão branco, eu vou também poder comprá-lo.

Papa — Mas se não marcharmos imediatamente para Versailles, não vai haver pão branco por muito tempo, Madame Cabet.

Uma Voz — Prosseguiremos com a discussão da questão das eleições. Delegado Varlin.

Voz de Varlin — Cidadão da Guarda Nacional! Hoje de manhã, mais ou menos às duas horas, o governo, com o auxílio de alguns batalhões de Linha, tentou desarmar a Guarda Nacional da capital e tomar os canhões, cuja entrega aos prussianos havíamos conseguido impedir.

Grito — É a segunda tentativa de castrar Paris! A primeira foi nos impôr um general!

Quatro senhores com chapéus altos sobem a escadaria: são os prefeitos.

Voz de Varlin — Cidadãos, para que foi armado este golpe? Para deixar a França despojada de suas últimas armas, à mercê das mais extremas exigências de Bismarck e para que, reduzida à impotência, seja a única a pagar essas exigências. Para que os que fizeram esta guerra criminosa possam agora fazer com que ela seja paga por aqueles que verteram seu sangue nela! Para que os bons negócios feitos com a guerra possam agora prosperar com a paz. Cidadãos Guardas Nacionais, a Comuna vai exigir que os deputados, senadores, generais, industriais e proprietários de terras, sem esquecer a Igreja, que foram os culpados pela guerra, paguem agora os cinco bilhões aos prussianos, e que, para isto, seus bens sejam postos à venda!
Grandes aplausos. Os prefeitos entram no salão.

Uma Voz — O Comitê Central saúda os prefeitos de Paris.

Voz de um Prefeito — Esta é a Câmara Municipal de Paris. Os senhores a ocuparam militarmente. Podem nos dizer, com que direito?

Um Grito — Em nome do povo, senhor Prefeito. Considerem-se seus hóspedes e serão bem-vindos.
Protestos.

Voz do Prefeito — Os senhores sabem o que significa esta resposta. Que todos dirão: esta gente quer a Revolução.

Um Grito — O que quer dizer "quer"? Ela está aqui. Abra os olhos!

Voz do Prefeito — Cidadãos da Guarda Nacional! Nós, os prefeitos de Paris, estamos prontos a expor à recentemente eleita Assembléia Nacional de Versailles que os senhores desejam eleger um novo Conselho Municipal sob o vosso controle.

Gritos — Não, não, não! — Uma Comuna independente!

Voz de Varlin — Não apenas a eleição de um Conselho Municipal, mas verdadeiras liberdades municipais, o direito da Guarda Nacional eleger seus próprios chefes, a expulsão do exército permanente do território de Paris, em resumo, Paris livre.

Voz do Prefeito — Isso é a bandeira vermelha! Tomem cuidado! Se os senhores hastearem esta bandeira na Câmara Municipal, seus postos eleitorais serão evitados como se fossem locais de peste e Paris vai cuspir em suas urnas.

Um Grito — O Comitê assumirá este risco. Confia também em que a população não possui somente mãos para trabalhar mas também olhos para ver.
Aplausos.

Voz do Prefeito — Ela vai ver de tudo. Quanto a mim, não desejo aparecer numa lista eleitoral ao lado de assassinos. *Agitação.* O Comitê não protestou contra o assassinato dos generais Thomas e Lecomte.

Gritos — Não temos nada a ver com isso! — Eu protesto contra a expressão assassinato usada para designar a justa execução de assassinos feita pela população. — Acautelem-se os senhores que desaprovam o povo, se não querem que

o povo os desaprove. — Nada de ameaças! O povo e a burguesia deram-se as mãos pela República no dia 4 de setembro! — É verdade, e esta aliança deve continuar. Todos devem participar das eleições, todos! Vamos conservar as mãos limpas! Até termos o consentimento de Paris, vamos considerar o governo de Versailles como o poder do Estado! — E depois? A Guarda Nacional é a nação armada frente ao poder do Estado!
Os prefeitos aparecem na porta.

UM PREFEITO *furioso, volta-se para a sala* — Constatamos com satisfação que existem divergências mesmo entre os senhores.

VOZES *na sala, acompanhadas de agitação* — Precisamos dos empresários para voltarmos a produzir outra vez! — Bom, então atraiçoem o povo para favorecer a burguesia! O povo vai acabar se afastando de nós e nós vamos logo constatar que com os burgueses não se faz nenhuma Revolução!

PAPA — É isso mesmo.

PREFEITO — Deixamos com os senhores os nossos mais sinceros votos. Que tenham êxito em vossa tarefa, para nós é um pouco pesada demais. *Sai.*

UM GRITO — A burguesia abandonou a sala, ótimo.

PAPA *gritando para os prefeitos* — Patifes!
Da sala saem Langevin e Geneviève, fechando a porta atrás de si.

PAPA — Pierre. Você tem que apresentar imediatamente uma moção: temos que eliminar todos os que se colocam do lado dos generais. Fuzilá-los como cães em seguida, todos, sem julgamento, senão estaremos perdidos.

LANGEVIN — O que é que você tem a ver com as execuções? Fica calmo.

PAPA — Eu? O que você quer dizer com isso? O Comitê está hesitando!

Langevin— Vocês não preferem escutar?
Abre novamente a porta.

Voz de Rigaulet — Cidadãos da Guarda Nacional, os únicos que podem ter o direito de decidir o destino da nação são aqueles que a defendem, ou seja, o proletariado, os trezentos mil combatentes de Paris. O voto do proletariado é a bala de seus fuzis. *Agitação na sala.*

Gritos — Vocês querem estrangular também as eleições? Isso é a anarquia! — Não se esqueçam, isso é a guerra civil! E com as baterias prussianas desde o Bois de Vincennes até o Bois de Boulogne! — Unidade! As eleições estão decididas!

Geneviève — Nós estamos desunidos. Isso é mau.

Langevin *rindo* — Não, isso é bom, porque é um sinal de movimento. Contanto que seja na direção certa. Mas por que vocês vieram aqui?

Papa — No Batalhão 101 comenta-se que os portões não foram fechados. Durante toda a noite eles enviaram a polícia, a bagagem e a artilharia deles para Versailles. E lá está Thiers. O que nós queremos dizer é que nós marcharemos contra Versailles assim que vocês nos derem o sinal, Langevin.

Geneviève *rapidamente* — Mas isso seria também a guerra civil.

Coco — Só diante da Câmara Municipal estão acampados vinte mil homens, com pão espetado nas baionetas, e cinqüenta canhões foram colocados ao redor do prédio. Basta vocês gritarem pela janela "À Versailles!" e tudo fica definitivamente resolvido.

Langevin *lentamente* — Talvez. Mas nós precisamos da aprovação da França, não?

Papa — Está bem, votem. Ou não votem, está bem também! Mas destruam o inimigo enquanto ainda é possível, agora.

LANGEVIN *duvidando* — É bastante difícil manter de pé a Comuna. Quando nós tivermos conseguido, Thiers e sua camarilha serão, aos olhos de toda a França, um punhado de homens falidos. Mas eu te compreendo, Papa, é bom que vocês nos pressionem. Não nos dêem descanso, vocês estão sempre mais à frente que nós.
Rapidamente ele volta para a sala.

PAPA — Coco, alegremo-nos. Finalmente eles tinham que saber isso.
Vão se retirar: então escutam o discurso de encerramento.

VOZ DE VARLIN — Cidadãos da Guarda Nacional! O proletariado de Paris, em meio às derrotas e à traição da classes dominantes, dizimado no campo de batalha pela burguesia prussiana e pela de seu próprio país, debilitado pela fome que lhes foi imposta pelos generais prussianos e pelos açambarcadores parisienses, ergueu-se nesta madrugada para defender o que ainda resta de seus bairros destruídos e para tomar o seu destino em suas próprias mãos. É o destino da França. O chamado governo de Defesa Nacional, formado pela burguesia depois da derrota militar, ficou desmascarado como governo de traição nacional. Os mesmos que tinham ido buscar o Imperador para suas aventuras, agora deixam que ele caia, já que não há mais o que tirar dele; agora vão buscar o senhor Bismarck, para que proteja suas propriedades contra aqueles que as construíram, contra o proletariado. Mas a capital da França, declarando legítima a insurreição contra este bando de aventureiros, avança serena e firme de posse de suas armas, para eleger sua própria Comuna livre e soberana e exorta as Comunas livres da França a cerrar fileiras em sua volta.
Fortes aplausos e gritos: "Viva a Comuna!"

GENEVIÈVE — Este é um dos mais grandiosos dias da História da França.

PAPA — Uma parte de sua grandeza vem de que ninguém poderá dizer que os representantes do povo quiseram a guerra civil!

GENEVIÈVE — Vai começar um novo tempo, e vai ser sem derramamento de sangue.

RESOLUÇÃO

1

Considerando nossa fraqueza os senhores forjaram
Suas leis, para nos escravizarem.
As leis não mais serão respeitadas
Considerando que não queremos mais ser escravos.
Considerando que os senhores nos ameaçam
Com fuzis e com canhões
Nós decidimos: de agora em diante
Temeremos mais a miséria que a morte.

2

Considerando que ficaremos famintos
Se suportarmos que continuem nos roubando
Queremos deixar bem claro que são apenas vidraças
Que nos separam deste bom pão que nos falta.
Considerando que os senhores nos ameaçam
Com fuzis e com canhões
Nós decidimos: de agora em diante
Temeremos mais a miséria que a morte.

3

Considerando que existem grandes mansões
Enquanto os senhores nos deixam sem teto
Nós decidimos: agora nelas nos instalaremos
Porque em nossos buracos não temos mais condições de ficar.
Considerando que os senhores nos ameaçam
Com fuzis e com canhões

Nós decidimos: de agora em diante
Temeremos mais a miséria que a morte.

4

Considerando que está sobrando carvão
Enquanto nós gelamos de frio por falta de carvão
Nós decidimos que vamos tomá-lo
Considerando que ele nos aquecerá
    Considerando que os senhores nos ameaçam
    Com fuzis e com canhões
    Nós decidimos: de agora em diante
    Temeremos mais a miséria que a morte.

5

Considerando que para os senhores não é possível
Nos pagarem um salário justo
Tomaremos nós mesmos as fábricas
Considerando que sem os senhores, tudo será melhor para nós.
    Considerando que os senhores nos ameaçam
    Com fuzis e com canhões
    Nós decidimos: de agora em diante
    Temeremos mais a miséria que a morte.

6

Considerando que o que o governo nos promete sempre
Está muito longe de nos inspirar confiança
Nós decidimos tomar o poder
Para podermos levar uma vida melhor.
    Considerando: vocês escutam os canhões —
    Outra linguagem não conseguem compreender —
    Deveremos então, sim, isso valerá a pena
    Apontar os canhões contra os senhores!

5

19 de março de 1871. Gare du Nord. Cartazes, em toda parte, convocam para as eleições da Comuna. Aglomeração de famílias burguesas, freiras e funcionários públicos, que fogem para Versailles.

VENDEDOR DE JORNAIS — Declaração da imprensa: as eleições da Comuna são inconstitucionais! Parisienses, os seguintes jornais exortam a todos a não votar: Le Journal de Débats, Le Constitutionell, Le Moniteur, L'Universal, Le Figaro, Le Gaulois — *continua durante as falas que se seguem* — La Verité, Paris-Journal, La Presse, La France, La Liberté, Le Pays, La National, L'Univers, Le Temps, La Cloche, La Patrie, Le Bien, Public, L'Union, L'Avenir, Le Libéral, Le Journal des Villes et des Campagnes, Le Charivari, Le Monde, La France Nouvelle, La Gazette de France, Le Petit Moniteur, Le Petit National, L'Electeur Libre, La Petite Presse.

Um Cobrador de Impostos, cercado pela família, compra um jornal.

O COBRADOR DE IMPOSTOS — O que significa isso: "o Comitê não é nada"? Ele representa duzentos e quinze batalhões. Essa gente pode fazer qualquer coisa. Alphonse, fique direito! Onde está Boudet com a pasta? Eu tenho ou não tenho um ajudante na hora do perigo?

SUA ESPOSA — Alphonse, não fique encurvado assim. Se Boudet não vem, você vai ter que ficar, Christophe. Sem dinheiro a gente não vai poder fazer nada em Versailles, está tudo muito caro por lá. E deve estar cheia de gente.

O COBRADOR DE IMPOSTOS — "Você vai ter que ficar", isso é bem característico de você. Podem me encostar no muro, desde que o dinheiro...

SUA ESPOSA — Não fique sentimental. Você espera o Boudet. Alphonse, não encolha assim os ombros.

Sai sem seu marido, que fica esperando. Chegam Philippe e Jean, enquanto Soldados de Linha, conduzidos por um funcionário público, empurram para o fundo uma caixa de ferro.

Funcionário — No vagão de carga, não, meus senhores, são os registros e o cofre dos prefeitos.

Philippe — A tua mãe é que é culpada de eu ter que voltar para a tropa. Como é que ela pode levar o microscópio de François à casa de penhores, enquanto ele estava combatendo? Agora para retirar ele eu vou ter que gastar todo o meu soldo, e eu ainda nem recebi. E ainda por cima podem me levar diante de um conselho de guerra, por causa da história do canhão e disso também os culpados são vocês.

Jean *distraído* — A gente tinha que pagar o aluguel, Philippe. Se você trouxer vinte francos, a gente apanha tudo de volta. O principal é que François não fique sabendo de nada.

Philippe — Esses estudos devoram tudo. E, se ele agora está metido nessas histórias da Comuna de vocês, os irmãos vão é mandar ele para fora da escola! Um sacerdote na Comuna! E como as idéias de vocês estão erradas, isso a gente vê logo. François quer o microscópio dele, não é? E por quê? Porque é propriedade dele. Portanto, o homem quer o que é propriedade sua, e basta.

Jean — Philippe, você tem uma cabeça de padaria: mistura tudo.

Philippe — As coisas não estão todas misturadas numa padaria.

Jean — Presta atenção: o microscópio é o instrumento de trabalho dele, por isso ele quer de volta. E os tornos das oficinas ferroviárias são os nossos instrumentos de trabalho, por isso a gente quer eles. Capisti?

Philippe — Você quer chegar aonde?

Jean *colocando nas costas dele a bolsa que trazia consigo* — Você não percebe que eles estão levando as caixas? Ei, vocês! *Aos soldados* — Daqui vocês não vão levar nada. Isso é propriedade do povo. *Os soldados continuam, depois de um ter lhe dado um pontapé.* Ralé! E não tem ninguém aqui que segure eles!

Jean sai rapidamente. Philippe sai abanando a cabeça. Aparecem uma Aristocrata com sua Sobrinha e criados, que transportam caixas de chapéus e outras bagagens.

Sobrinha — Quem é que ia imaginar, tia Maria, que os primeiros trens que podem sair outra vez de Paris iam oferecer um espetáculo tão trágico! Paris inteira está fugindo!

Aristocrata — Não por muito tempo. Tenha cuidado, Philine, para não amassar as caixas; esse chapéu é um Farnaud.

Sobrinha — A gente devia ter trazido a carruagem.

Aristocrata — Para que desatrelassem os cavalos e depois comessem todos? Não diga bobagens. Ah, de Ploeuc, que amável de sua parte! Em dias como esses é que a gente aprende a conhecer os amigos.

De Ploeuc — Eu não poderia de maneira alguma permitir que a senhora partisse sem que eu viesse beijar-lhe a mão, madame la Duchesse.

Sobrinha — O senhor realmente precisa ficar, isso não é perigoso?

De Ploeuc — Talvez. Mas o Banco da França vale o risco, senhorita. *À Duquesa* — Posso pedir-lhe que entregue o bilhete que eu coloquei neste ramo de flores? *Entrega a ela um ramo de flores.*

Aristocrata — Não esqueceremos disso. Toda essa comédia não vai durar mais que oito dias. Até breve, Henri!
Sai com a Sobrinha.

De Ploeuc — Até breve, mesdames!
O Vendedor de Jornais vende alguns exemplares. Em frente, um Vendedor de Rua apregoa sua mercadoria.

Vendedor de Jornais — "Declarações de altas personalidades" no "Figaro" — "O assassinato dos Generais Lecomte e Thomas" — "Ilegal a ocupação da Câmara Municipal" —

"Há um pacto entre o Comitê Central e os alemães?" — "Saques na Rue Gras" — "O domínio da plebe".

VENDEDOR DE RUA *ao mesmo tempo* — Suspensórios! Pentes de bolso de Lyon! Botões! Sabonete e artigos de toilette abaixo do preço! Gaitas de boca! Cintos da Ripolitânia!
Soldados trazem Jean, que tem a roupa rasgada. São interceptados por um Sargento da Guarda Nacional e por alguns membros da Guarda.

SARGENTO — Um momento! O que vocês estão fazendo com ele?

SOLDADOS — Prendemos ele quando tentava subir na locomotiva. Um sabotador, Sargento.

JEAN — Eles estão levando os cofres embora. É preciso impedi-los. Toda essa gente tem que ser presa.

SARGENTO — Esfrie o sangue, camarada. Não existe nenhuma ordem para deter os trens. Soltem ele.

DE PLOEUC — Meus queridos amigos, eu sou o marquês de Ploeuc do Banco da França. Os senhores mesmos afirmam que o executivo não emitiu nenhuma ordem. Pelo que me conste, não existe nenhuma guerra civil. Sendo assim, este homem se tornou culpado de um delito e deve ser levado preso.

JEAN — É? E devo ser levado para onde? Me diga isso!
Silêncio.

SARGENTO — Ah, vocês queriam colocar ele dentro do trem para raptá-lo? Soltem ele imediatamente. *Para sua gente* — Busquem reforços!
Saem alguns. Jean é solto. Os soldados se dispersam. De Ploeuc sai.

SOLDADOS — Apenas cumprimos com o nosso dever, camarada.

SARGENTO — Você teve sorte.

JEAN — E você deixou eles fugirem! Estão vendo estes cartazes? Eu

vou dizer uma coisa para vocês: eu já escolhi. Mas não a Comuna de vocês. Ela vai afundar.
Sai aos tropeções.

6

26 de março de 1871. Frente ao pequeno café de Montmartre. Mme. Cabet e sua pequena família — Jean, Babette, François, Geneviève — se instalam no pequeno café, que tem estado fechado. Abrem as janelas, sobem as persianas que dão para a rua, trazem cadeiras para fora, penduram pequenas lamparinas de papel branco. São ajudados pelo Garçom, em uniforme de Guarda Nacional, e pelo Couraceiro ferido, em roupa civil. De uma praça vizinha chega música ritmada. Geneviève sai do café trazendo garrafas de vinho, seguida por uma das crianças, que veste traje dominical.

FRANÇOIS *chegando com cadeiras de palha* — Isso é a Comuna, isso é a ciência, o novo milênio, Paris se decidiu em favor disso.

GARÇOM — O patrão se decidiu contra, então o garçom se tornou patrão. Fiquem à vontade no café de vocês.

GENEVIÈVE — Até os jovens sacerdotes também dão as boas-vindas ao despertar da aurora vermelha.
Coloca garrafas de vinho diante de Mme. Cabet.

FRANÇOIS — E as professoras servem o vinho do mercado negro para a viúva. Porque também está escrito no Sermão da Montanha em parágrafos de leis que começam com "Considerando" e terminam com fatos! *Ele abraça o alemão, que sorrindo abriu uma parte da janela* — Eu te abraço, Couraceiro, meu novo irmão, desertor do exército de ladrões do anacrônico Bismarck!

MME. CABET *que desde o princípio estava sentada em uma cadeira no meio da rua* — E fomos todos dispensados de pagar os aluguéis! *Chama* — Jean! Babette!

FRANÇOIS — Considerando que a guerra custosa que devastou a

pátria foi apenas a obra de uma minoria e que não é correto, que todo o peso caia sobre a maioria, que é uma imensa maioria de miseráveis... Eu decorei isso, tal como o Lavoisier.

JEAN *aparece na janela superior do café* — Paciência!

FRANÇOIS — E os donos das casas de penhor devolvem de graça aos pobres o que foi penhorado considerando que a vida deve ser digna de ser vivida.

MME. CABET — François, você sabia de tudo? Eu sou uma ladra, está tudo tão caro. Isso é um pouco grosseiro, porque sou eu que te cobro o aluguel, mas eu queria resgatar as tuas coisas, você precisa delas. Jean! *Para as crianças* — Sente-se, Victor, come alguma coisa antes de provar o vinho Jean! *A criança senta-se acanhada. Jean aparece na janela irritado.* Eu quero falar com Babette, vocês ainda não acabaram?

BABETE *aparece ao lado de Jean, um pouco agitada* — Mamãe?

MME. CABET — Olha que beleza de vinho que nós temos, Babette. *Babette ri e retira-se da janela.* A gente precisa ter cuidado com eles, aquele lá é um radical.
Pela rua aproxima-se Papa e Langevin, que parece muito cansado. "Papa" trás uma lamparina branca na ponta da baioneta.

PAPA — Madame, mademoiselle. Eu estou trazendo para vocês o cunhado de vocês, representantes de Vaugirard na Comuna. Arranquei ele de seu trabalho, eles trabalham na Câmara como se fossem escravos.

MME. CABET — Bebe um copo, Pierre.

GARÇOM — O vinho é do patrão, o patrão está em Versailles, sirva-se monsieur.

LANGEVIN — Nos deixaram seis mil enfermos, não há ninguém para cuidar da iluminação das ruas, isso significa trabalho.
Jean e Babette aparecem com uma bandeira vermelha na janela.

Papa — Ah, um brinde pela beleza! Amada e temida! A perseguida, a temível! A amiga que chega junto com a tempestade.

Mme. Cabet — Sim, é isso, sim. Sirvam-se de pão, Pierre e Papa, e onde estão as crianças? A Dona da Padaria da frente nos deu de presente quando passamos com o pano da bandeira; e quando a gente passou com o pano daquela cor, a Dona da Padaria, essa impertinente, nos obrigou a aceitar os pães.

Geneviève — Sentem-se todos, eu vou cantar uma velha canção para vocês.
Canta —
Hoje de manhã Margot foi ao mercado
E os tambores com força rufavam.
Ela comprou carne e salada
E achou o açougueiro mais velho.
O cabelo e a pele envelhecidos.
"A carne são vinte francos"
Rataplã, rataplã, rataplã.
"Heim?"
"Tá bom, Madame, cinco francos".
"Ahhhh!"
Margot foi hoje à casa da senhoria
E soava o toque de recolher.
"Posso perguntar, quanto lhe devo?"
E a senhoria estava tão pálida
Tão pálida como um cadáver.
"O aluguel são vinte francos".
Rataplã, rataplã, rataplã.
"Heim?"
"Tá bom, Madame, dez francos".
"Ahhhh!"

Todos *cantam juntos* — Ahhh! Ahhh! Ahhh!
Vindo da praça, chega um grupo de homens e mulheres com distintivos.

Um dos Homens — Minhas senhoras, meus senhores, venham todos! Na Place Vendôme, monsieur Courbet, o conhecido pintor, está discursando sobre a necessidade de derrubar a coluna Vendôme erguida por Napoleão e fundida com o bronze de mil e duzentos canhões conquistados em batalhas na Europa. Um monumento às guerras, a afirmação do militarismo e da barbárie.

Papa — Muito obrigado. Aprovamos a idéia e lá estaremos para realizá-la.

Uma Mulher — Então venham junto conosco para a distribuição de uma canja que vai ser feita no Quartier Latin.
Um homem relincha como um cavalo.

O Homem — Em memória de cinco cavalos, minhas senhoras e meus senhores.

François — Vamos?

Papa — Eu estou bem sentado aqui.

François — Canja.

Mme. Cabet — Vocês querem ir? Onde estão Jean e Babette? Ah, estão ali.

Papa — Monsieur François, vê-se que o senhor tem mesmo vocação para a vida eclesiástica.

Geneviève — Muito obrigado, nós ainda vamos ficar um pouco sentados aqui.
O grupo segue seu caminho.

Um dos Homens — Bem, como queiram. A Comuna convidou os senhores. Os senhores é que não quiseram vir.

Papa — Isso é a liberdade.
Jean e Babette aparecem embaixo.

Mme. Cabet — Vocês ficaram muito tempo lá em cima, não estou contente com vocês.

JEAN — Mamãe, você deixa a Geneviève envergonhada.

MME. CABET — Eu disse para vocês, as pessoas devem se comportar segundo as circunstâncias.

PAPA — Mas são as melhores, Madame, as melhores possíveis. Paris decidiu viver conforme seus gostos. É por isso também que monsieur Fritz decidiu ficar conosco. Acabaram-se as diferenças de classe entre os cidadãos, acabaram-se as barreiras entre os povos!

JEAN — Babette, responde à mamãe, me defende.

BABETTE — Madame, o seu filho não tem nenhum tipo de pressa. *Ela canta* —
Pai Joseph não tem um teto por cima da cabeça
Nem roupa para pôr em cima do traseiro tem sua mulher
Assim mesmo ela cozinha qualquer coisa para ele na panela
Cozinha ao ar livre e na panela roubada.
Pai Joseph foi se pentear para comer.

"Mãe, faz alguma coisa de especial!
Para um pobre diabo, é melhor que nada.
Mãe, toma tempo, não poupa, não poupa as tuas habilidades!
Faz alguma coisa especial... põe uma cebolinha na salada."

Pai Joseph lá no hospital
Pros padrecos não tem nenhum tempo
E como se pagasse com seu próprio dinheiro
Pede o último jantar dos condenados:

"Guarda, faz alguma coisa de especial!
Mãe, toma tempo, não poupa as tuas habilidades!
Faz alguma coisa especial... põe uma cebolinha na salada".

PAPA — Então, a gente vive para quê? O pároco da Sainte-Héloise respondeu a essa pergunta feita pela minha irmã dizendo: para nos aperfeiçoarmos a nós mesmos. Muito bem: e precisa o que para isso? Para isso precisa ter perdizes no café da manhã. *Para as crianças* — Meu filho, a gente vive para o supérfluo. Precisa disso, mesmo que para isso sejam necessários canhões. Então, por que a gente produz alguma coisa? Para isso, para poder ter algumas coisas! Saúde! Quem é esse jovem?

Mme. Cabet — Victor, vai buscar um garfo! *O garoto entra no café.* O pai dele caiu com o Batalhão 93 enquanto defendiam os canhões no dia 18 de março. Ele começou um negócio de vender carne de coelhos. Fica calado Jean. Às vezes eu compro alguma coisa dele, em consideração do seu...
O garoto volta com o garfo.

Papa *levanta-se e ergue seu copo* — À sua saúde!
O garoto bebe ao brinde de Papa. Ouve-se música que vem de perto. Jean começa a dançar com Geneviève, Babette com François e o Garçom com Mme. Cabet.

Papa — Tudo vai indo bem, não é?

Langevin — Você ficou satisfeito?

Papa *depois de uma pausa* — Era isso que esta cidade queria e foi para isso que ela foi construída; o que ela tinha esquecido debaixo de chicotadas e que ela agora relembra graças a nós. Está faltando o quê?

Langevin — Só uma coisa. Eu penso muitas vezes que nós devíamos ter golpeado com mais força em 18 de março. Nós nos perguntávamos: as eleições ou marchar contra Versailles? A resposta devia ter sido: as duas coisas.

Papa — E agora?

Langevin — Thiers está em Versailles e reúne tropas.

Papa — Ah, estou cagando para eles. Paris decidiu tudo. Esses velhotes já meio mortos a gente elimina como se não fossem nada. Tropas! Nós vamos nos confraternizar com eles, como em 18 de março ao redor dos canhões.

Langevin — Espero que sim. São camponeses.

Papa — À saúde de Paris, monsieur.
Voltam os que estavam dançando.

Babette — À liberdade, Jean Cabet! À liberdade total!

Papa — À liberdade.

Langevin — Eu bebo pela liberdade parcial.

Babette — No amor.

Geneviève — Por que parcial, monsieur Langevin?

Langevin — Ele conduz à liberdade total.

Geneviève — E a liberdade total, de imediato, é uma ilusão?

Langevin — Na política, é.

Babette — François, você sabe dançar, mas você dança como o quê? Como físico ou como padre?

François — Eu não vou ser padre. Está começando um novo tempo, senhorita Guéricault. Paris vai pagar os meus estudos de Física.

Babette — Viva a divisão! Nós temos tudo, vamos dividir!

Geneviève — Babette!

Babette — Eu vou te ensinar a dançar com Jean, rosto no rosto!
Precipita-se sobre Geneviève.

Geneviève — Eu não vou me defender, Babette.

Babette — Então toma isso e isso e isso. *Rolam no chão. Geneviève começa a se defender* — Ah, você não se defende? Você quer me arrancar os olhos, sua sapa?
Jean retém François, rindo. Papa e o Garçom separam as combatentes.

Mme. Cabet — Vocês se comportam como se os seus armários estivessem cheios de roupas. Eu fui contra que vocês subissem para hastear a bandeira. É uma lutadora, essa aí.

François — Uma combatente da Comuna não é ciumenta.

Babette — É de madeira, é?

Geneviève — Não, ela protege com firmeza o que ela possui. Eu me alegro de que não haja nenhuma baioneta aqui por perto, Babette. Bom dia, Philippe!
Philippe entra e se junta aos outros.

Philippe — Aqui estou eu outra vez. Eu estava curioso para saber se encontraria vocês todos vivos. Segundo os jornais de Versailles, todos vocês estão presos ou mortos. Quem antes de ir dormir não diz "Viva a Comuna!" é denunciado pela própria mulher e torturado nas latrinas pelos membros da Comuna até confessar tudo. Isso é o que se sabe. É o terrorismo da Comuna.
Todos riem.

Papa — Amigos, esta é a primeira noite da história de Paris em que não acontece nenhum assassinato, nenhum roubo, nenhuma vigarice e nenhuma violação. Pela primeira vez as ruas estão seguras, não precisam de nenhum policiamento. Porque os banqueiros e os pequenos ladrões, os arrecadadores de impostos e os industriais, os ministros, as prostitutas e o clero emigraram todos para Versailles: a cidade está habitável.

François — À sua saúde, Papa.

Philippe — Também isso eu li nos jornais. São as orgias. As orgias da Comuna! Cada um dos tiranos que está na Prefeitura tem sete amantes, isso foi estabelecido por uma lei.

Babette — Oh! Jean só tem duas.

François — E por que você escapou?

PHILIPPE — De graça eu não vou me submeter a ser menino de recados para eles. Monsieur Thiers está em bancarrota, foi-se por água abaixo. Já não paga nenhum saldo mais. Os Soldados de Linha estão vendendo os seus fuzis em Versailles por cinco francos.

PAPA — Eu recebo o meu pagamento, eu.

LANGEVIN — Você paga para você mesmo, essa é a diferença.

PHILIPPE — Esta é a corrupção da Comuna. Disso também se fala. Eu passei um dia no campo, em Arles, com os meus velhos. Te mandam abraços, François. Eu disse para eles que você tinha se tornado membro da Comuna, um demônio, que quer dividir tudo.

PAPA — Eu sonho com a perna de uma vaca, sobretudo com o casco.

LANGEVIN — Mas como você conseguiu atravessar as Linhas?

PHILIPPE — Ninguém me deteve.

LANGEVIN — Isso não é bom. Isso é a falta de cuidado da Comuna!

PAPA — Pierre, você tem um conceito demasiado alto destes velhotes, Thiers e Bismarck. Seja bem vindo, Philippe. Eles foram por água abaixo, não é? Um jornal, Pierre. *Langevin dá um jornal a ele, que transforma o jornal num chapéu de brincadeira e coloca-o na cabeça.* Eu sou Bismarck. Jean, você é o Thiers, põe os óculos do François. Nós vamos mostrar a Pierre o que estes velhotes conversam, enquanto em Paris nós desfrutamos das nossas festinhas.
Papa e Jean se colocam em postura histórica.

PAPA — Meu caro Thiers, eu acabo de fabricar um Imperador; cá entre nós, um imbecil: o senhor também quer um?

JEAN — Meu caro senhor Bismarck, eu já tenho um.

PAPA — Isso eu compreendo: se já tem um, não quer ter mais outro. Está tudo bem e tudo certo, mas se o senhor não obedecer, o senhor voltará a ter o seu Imperador de volta, e isto não é apenas uma ameaça, eu estou disposto a cumpri-la. A propósito: o senhor quer um Rei?

JEAN — Senhor Bismarck, só uma minoria quer um Rei, uma pequena minoria.

PAPA — Mas se o senhor não obedecer, receberá um. A propósito: o que deseja então a sua gente, eu quero dizer os... como é que se chamam esses que, os que pagam os impostos... ah, sim, o povo, ele quer o quê?

JEAN *olha à sua volta com timidez* — A mim.

PAPA — Mas isso é magnífico, o senhor já me resulta tão simpático como um Imperador ou um Rei — que eles também não querem. É engraçado. O senhor obedece muito bem, o senhor inclusive entrega muito melhor que todos isso que, como se chama, aqui onde estamos, neste momento, ah, sim: a França.

JEAN — Senhor Bismarck, eu tenho ordens de lhe entregar a França.

PAPA — Ordens de quem, monsieur?

JEAN — Da França. Acabo de ser eleito.

PAPA *ri sonoramente* — Nós também! O Imperador e eu acabamos de ser eleitos.

JEAN *rindo também* — Fora de brincadeira, senhor Bismarck, eu me sinto um pouco inseguro, em resumo, eu não estou seguro de não ser preso.

PAPA — Sabe de uma coisa, eu vou apoiar o senhor. Eu tenho cinco mil canhões.

JEAN — Então eu só tenho um desejo, senhor Bismarck, rogo-lhe que me conceda este favor: posso beijar as suas botas? *Joga-se nas botas de Papa e beija-as.* — Que botas! Que gosto bom!

PAPA — Está bem: mas não coma elas.

JEAN — E me promete, Otto, que com estas mesmas botas você esmagará todos eles?

PAPA — Ah, a Comuna?

JEAN — Não pronuncie esta palavra. Não pronuncie! Você sabe que para mim ela é o mesmo que para você são esses Liebknecht e Bebel.
O Couraceiro se levanta e ergue seu copo.

PAPA — Por Deus, não pronuncie esses nomes!

JEAN — Mas por que você se assusta tanto assim, Otto? Como você vai poder ajudar, Otto, se você se assusta tanto? Você me assusta também.
Eles tiram o gorro de papel e os óculos e se abraçam.

BABETTE — Jean, estava ótimo. Eu acho que a bandeira ainda não está colocada direito, vamos lá em cima.
Ela abraça-o.

FRANÇOIS — Agora eu vou ler uma coisa para vocês. *Lê nas páginas de um jornal, embaixo de uma das lamparinas* — "Esta é a noite em que vocês bebem vinho, que não devem a ninguém. E, ao amanhecer, Paris se levantará como uma velha operária e estenderá suas mãos para as ferramentas que ela ama."

COURACEIRO *ergue seu copo* — Por Bebel, por Liebknecht!

GARÇOM — Pela Comuna!

COURACEIRO — Pela Comuna!

Garçom — Por Bebel! Por Liebknecht!

François — Pelos estudos!

Geneviève — Pelas crianças!

7

a

Câmara Municipal. Bandeiras Vermelhas. Na sala de sessões estão pendurados cartazes com as seguintes inscrições: "1. Direito à vida", "2. Liberdade Individual", "3. Liberdade de consciência", "4. Direito de reunião e de associação", "5. Liberdade de palavras, de imprensa e todo tipo de manifestações de pensamento", "6. Liberdade de voto durante as sessões", "29 de março de 1871, sessão inaugural da Comuna".

Beslay — Nos criticam dizendo que deveríamos ter ficado satisfeitos com a eleição de uma Assembléia Nacional da República...

Gritos — Organizada por monsieur Thiers! — Contra Paris!

Beslay — Mas a libertação das comunidades de Paris é a libertação de todas as comunidades de República! Nossos adversários afirmam que demos um golpe na República. Demos um golpe sim: como numa estaca, que a gente faz penetrar mais profundamente na terra! *Aplausos.* A República da grande revolução de 1792 foi um soldado; a República da Comuna será um operário que antes de mais nada necessita de liberdade para tornar a paz produtiva.

Varlin — Uma República, senhores da Comuna, que devolva aos operários seus instrumentos de trabalho, como a de 1792 deu terra aos componeses e desta forma, através da igualdade social, tornou realidade a liberdade política. *Aplausos.* Vou proceder à leitura dos primeiros decretos. "Considerando que todos os cidadãos, sem distinção, devem estar preparados para a defesa do território nacional, fica abolido o exército regular."

Gritos — Fora com os generais, cães sangrentos assalariados! Viva o exército popular! Não mais diferenças de classe entre os cidadãos, não mais barreiras entre os povos! Façamos com que os trabalhadores dos exércitos alemães estreitem suas mãos com as dos trabalhadores franceses!
Aplausos.

Beslay — "Considerando que o Estado é o povo, que se governa a si mesmo, todos os cargos públicos serão preenchidos somente por tempo determinado e até nova ordem, e todos seus ocupantes serão escolhidos de acordo com suas capacidades."

Um Grito — Igualdade de salário! Salários de trabalhadores!

Beslay — "Considerando que nenhum povo tem nível superior ao último de seus cidadãos, a instrução deverá ser obrigatória, gratuita e social."

Gritos — Alimentação para as crianças nas escolas! A educação começa com a alimentação: para aprender, é preciso também aprender a comer.
Risos e aplausos.

Beslay — "Considerando que o objetivo da vida é o livre desenvolvimento de nosso ser físico, espiritual e moral, a propriedade não deve ser mais que o direito de cada um participar, segundo seu trabalho, no produto coletivo do trabalho de todos. Nas fábricas e nas oficinas deverá ser organizado o trabalho coletivo." *Aplausos.* Estes, meus amigos, são os primeiros decretos que serão imediatamente colocados em vigor. Declaro aberta a primeira sessão de trabalho da Comuna de Paris.

b

Ministério do Interior. Conduzidos por um Porteiro, Geneviève e Langevin entram num escritório. Chove.

Geneviève — O senhor disse que não tem aparecido nenhum funcionário? Há oito dias?

Porteiro — Nenhum. Se aparecesse eu saberia, eu sou o porteiro.

Geneviève — Quantos funcionários trabalham aqui normalmente?

Porteiro — Trezentos e oitenta e quatro e o senhor ministro.

Geneviève — O senhor sabe onde eles moram?

Porteiro — Não.

Geneviève — Como é que a gente vai ficar sabendo pelo menos onde ficam as escolas do bairro, onde moram os professores, onde buscar o dinheiro para os salários? Levaram até as chaves.

Langevin — É preciso mandar chamar um chaveiro.

Geneviève — E o senhor precisa ir me comprar um pouco de óleo para a lâmpada.
Procura no porta-moedas.

Porteiro — A senhorita, então, vai querer trabalhar de noite, também?

Langevin — Ela é a delegada da Comuna para a Instrução Pública.

Porteiro — Está tudo muito bem e correto, mas ir buscar óleo não faz parte do meu trabalho.

Geneviève — Certo, mas...

Langevin — Não está certo não, o senhor vai comprar o óleo,

depois de ter mostrado à delegada onde estão os registros e os mapas com as escolas do bairro.

Porteiro — Eu só sei indicar onde estão as oficinas.

Geneviève — Eu vou ter que perguntar à mulher da limpeza, talvez ela tenha filhos que vão à escola.

Langevin — Ela não vai saber nada.

Geneviève — Juntos a gente vai acabar descobrindo.

Langevin — Seria melhor construir novas escolas, aí a gente ficaria sabendo onde elas ficam. Tudo precisa ser refeito de A a Z, porque tudo foi sempre malfeito. Desde os hospitais até a iluminação das ruas. Quanto lhe paga o povo pelos seus serviços, que não incluem o de ir comprar óleo?

Porteiro — Sete francos e oitenta por dia, mas não é o povo que paga, é o Estado.

Langevin — É, para você isso é uma grande diferença, não é? A delegada vai dirigir a Instrução Pública da cidade de Paris por onze francos por dia, se isso lhe diz alguma coisa.

Porteiro — É um assunto dela.

Langevin — Você pode ir. Se é que ir embora faz parte de seus serviços.
O Porteiro sai arrastando os pés, Geneviève abre a janela.

Geneviève — Ele não passa de um pobre diabo!

Langevin — Não na opinião dele. Talvez tenha sido um erro contar a ele que você ganha tão pouco. Agora ele despreza você. Ele não vai agora admitir se curvar diante de uma pessoa que ganha uns poucos francos mais que ele. E mais que se curvar diante de alguém ele não pode aprender.

Geneviève — Digamos: não por ele mesmo. O que ele vê? Os que ocupavam os cargos do ministério e os conselheiros ministeriais e todos os funcionários, mesmo os de categoria mais inferior, todos fugiram diante dos baixos salários, deixando Paris na escuridão, na sujeira e na ignorância. E são indispensáveis.

Langevin — Isto é o pior. O principal interesse deles reside em se fazerem insubstituíveis. Isso é assim há séculos. Mas nós temos que encontrar pessoas que tenham um trabalho tão organizado que possam sempre ser substituídas; os simplificadores do trabalho, estes são os grandes operários do futuro. Aí vem Babette.
Chega Babette com Philippe.

Babette — Ninguém mais vê você em lugar nenhum. Está escrito no "Officiel" que você foi nomeada ministra ou coisa parecida.

Geneviève *com ar conspirador, simulando o medo* — Ele te disse onde eu podia ser encontrada?

Babette — O Porteiro? Philippe ameaçou ele com a pistola.

Langevin — Eu te nomeio assistente do Delegado para as Comunicações, que é o que eu sou. Os trens da Estação do Norte partem, mas não voltam. Em compensação, carregam mobílias inteiras. Vou ser obrigado a confiscar os bens da Companhia dos Caminhos de Ferro e levar os mais altos funcionários a um conselho de guerra. Agora é assim em Paris. Aqui os funcionários não aparecem, e lá aparecem para fazer sabotagem. E vocês, vieram por quê?

Babette — Vocês têm que fazer alguma coisa imediatamente pelos companheiros padeiros.

Geneviève — Mas eu sou delegada de Instrução Pública.

Philippe — Então tome conta de nós. Nos seus jornais está escrito que o operário deve se instruir, mas como ele pode se instruir se trabalha de noite? Eu não vejo nunca a luz do dia.

LANGEVIN — Eu acho que a Comuna já publicou um decreto que acaba com o trabalho dos padeiros.

PHILIPPE — Mas os patrões da padarias não reconhecem esse decreto. E nós não temos o direito de greve, porque somos considerados indispensáveis. Mas a Dona da Padaria pode fechar as portas se quiser. A propósito, eu tenho um pão aqui.
Dá a ela um pão.

GENEVIÈVE — Isto é suborno. *Morde o pão.*

LANGEVIN — Se ela fechar as portas, nós confiscaremos a padaria e continuaremos nós mesmos dirigindo o estabelecimento.

PHILIPPE — Está gostoso? Por nós vocês podem se deixar subornar, pelos patrões nunca. Eu vou avisar o sindicato, senão esta noite eles vão quebrar as vidraças da padaria. Mas, como estão as coisas com a Babette e a Mme. Cabet? O patrão delas, o alfaiate militar Busson, está de volta.

BABETTE — Mas ele paga somente um franco por calça. Ele diz que a Guarda Nacional negocia com os empresários que fazem preços mais baixos.

GENEVIÈVE — Por que você me olha desse jeito, Pierre?

LANGEVIN — Estou estudando como você se entende com o povo, cidadã delegada.

GENEVIÈVE — Nós não temos dinheiro. Fazemos economias com os recursos da população.

BABETTE — Mas a população somos nós.

LANGEVIN *a um olhar inseguro de Geneviève* — Aprenda, professora.

BABETTE — Se a Comuna paga menos que o Império, nós não precisamos dela. E Jean está nas trincheiras e se deixa matar, precisamente para não ter mais que suportar esta exploração.

Philippe — Com as calças dele vocês ferram a própria mãe dele. E a sua amiga. Vocês deviam...

Langevin — Nós? E vocês, então?

Philippe — Está bem, nós devíamos...

Langevin — Assim é melhor.

Philippe — Bom, nós devíamos o quê?

Langevin — Naturalmente, vocês estão no Sindicato dos Alfaiates, não é? E lá o lugar onde os preços devem ser fixados. Não na oficina de calças de monsieur Busson.

Babette — Como é que a gente podia saber disso?

Geneviève — Eu procuro organizar escolas onde as crianças aprendem isso.

Babette — Onde vocês vão arranjar dinheiro para fazer isso, se nem sequer uniformes vocês podem pagar?

Geneviève — O Banco da França está a poucas quadras daqui. As dificuldades estão aqui, onde até os armários estão fechados.

Philippe — Pelo menos estes a gente podia arrombar, eu acho.

Langevin — O quê? Você é um padeiro e está disposto a fazer o trabalho de um chaveiro? Eu vejo mais claro para a Comuna, meus filhos. A próxima etapa talvez seja que ele aprenda também a governar.

Dá corda a um grande relógio, que estava parado, dá um pequeno empurrão no pêndulo, que começa a mover-se. Todos olham para o relógio e riem.

Langevin — Não esperem da Comuna mais que de vocês mesmos.

8

Escritório do diretor do Banco da França. O Diretor, o marquês de Ploeuc, está conversando com um sacerdote gordo, o procurador do arcebispo de Paris. Chove.

DIRETOR — Expresse ao senhor arcebispo os meus agradecimentos por me ter transmitido os desejos de monsieur Thiers. Os dez milhões de francos serão remetidos a Versailles pelos métodos habituais. O que deverá ocorrer nos próximos dias com o Banco da França, eu não sei. Espero a cada minuto a visita do Delegado da Comuna e, com ela, a minha prisão. Aqui estão dois bilhões e cento e oitenta milhões, monsieur. É a artéria vital; se for cortada, esta gente terá vencido, aconteça o que acontecer.

UM CRIADO — O senhor Beslay, delegado da Comuna.

DIRETOR *pálido* — Monsieur, eis chegado o momento decisivo para a França.

SACERDOTE GORDO — Mas como eu faço para sair?

DIRETOR — Não fique nervoso. *Entra Beslay.* Monsieur Beauchamps, procurador de Sua Excelência, o arcebispo.

SACERDOTE GORDO — Eu posso me retirar?

DIRETOR — Suponho que vai precisar de uma autorização de monsieur.

BESLAY — Entregue este cartão de visita ao capitão.
Os senhores se cumprimentam e o gordo sai.

BESLAY — Cidadão, os encarregados dos pagamentos dos batalhões da Guarda Nacional se encontram no Ministério de Finanças diante de cofres lacrados. Mas os saldos devem ser pagos ou então o banco será saqueado, independente do que eu fizer ou disser. Essa gente tem mulheres e filhos.

DIRETOR — Monsieur Beslay, segundo os estatutos do vosso Comitê Central, os empregados do Banco da França constituíram um batalhão da Guarda Nacional. Permita-me assegurar-lhe que também eles, já há mais de duas semanas, não recebem nenhum centavo de seus salários, e também eles têm mulheres e filhos. Bem, monsieur, o senhor atravessou o pátio quando entrou e deve ter visto estes homens armados, alguns entre eles têm mais de sessenta anos, e eu posso assegurar-lhe que se alguém atacar o banco que lhes foi confiado defender, eles lutarão.

BESLAY — Essa luta duraria só dois minutos.

DIRETOR — Talvez só um. Mas que minuto na história da França!

BESLAY *depois de uma pausa* — A Comuna promulgou um decreto, segundo o qual os batalhões especiais ficam dissolvidos e passam a integrar os demais.

DIRETOR — Eu sabia que o senhor ia dizer isso, monsieur. Levanta um papel enrolado. Gostaria de lhe mostrar um decreto do arquivo do banco, promulgado por uma outra e bem mais antiga assembléia revolucionária, a Convenção da Revolução Francesa, assinado por Danton, segundo o qual os empregados das grandes administrações deverão considerar seus escritórios como seus postos de combate.

BESLAY — Senhor marquês, eu não vim aqui para derramar sangue, mas sim para assegurar os meios através dos quais a Comuna, legalmente eleita, poderá financiar a defesa de Paris e a reabertura de suas fábricas e oficinas.

DIRETOR — Monsieur, não pense que eu, nem por um só momento, ponha em dúvida os direitos da Comuna. O Banco da França não se mete em política.

BESLAY — Ah, agora creio que estamos avançando.

DIRETOR — O que fervorosamente espero é que também o senhor, como representante da Comuna, reconheça os direitos do Banco de França, que estão acima dos partidos.

BESLAY — Senhor marquês, o senhor não está tratando com assaltantes de rua, mas sim com homens honrados.

DIRETOR — Monsieur, isto eu soube no instante em que o senhor entrou. Me ajude a salvar o banco, ele é a riqueza de seu país, é a riqueza da França.

BESLAY — Senhor marquês, não se equivoque a nosso respeito. Nós trabalhamos forçados dezoitos horas por dia. Dormimos vestidos, sentados nas cadeiras. Por quinze francos por dia, cada um de nós assume três ou quatro funções, cuja execução até há pouco custava trinta vezes mais à população. Certamente não existiu jamais um governo mais econômico. Mas agora nós precisamos de dez milhões.

DIRETOR *com dor* — Monsieur Beslay!

BESLAY — Senhor marquês, nós não cobramos impostos sobre o tabaco nem sobre os alimentos, mas precisamos pagar os saldos e os salários, não podemos mais nos manter sem isso. *O Diretor guarda significativo silêncio.* Se até amanhã de manhã nós não tivermos seis milhões...

DIRETOR — Seis milhões! Eu não estaria autorizado a dar-lhe nem um milhão. Os senhores falam sobre corrupção em suas reuniões. Acusam monsieur Thiers de ter violado os regulamentos para conseguir dinheiro e agora vem o senhor, o senhor, e me pede dinheiro, quando nem sequer existe uma Administração de Finanças! *Desesperado.* Organize uma Administração de Finanças, não vou lhe perguntar como, mas mostre-me um documento que eu possa aceitar como válido.

BESLAY — Mas isso levaria duas semanas. O senhor se esquece, talvez, de que o poder está em nossas mãos.

DIRETOR — Mas não me esqueço de que estou no meu direito.

Beslay — Quanto dinheiro o senhor tem depositado aqui?

Diretor — O senhor sabe muito bem que minha obrigação profissional é guardar o segredo do banco! Pretende também atentar contra conquistas tais como o segredo dos bancos, dos advogados, dos médicos? Monsieur, permita-me lembrar-lhe que também o senhor está tratando com um homem honrado? Seja qual for o lado em que estejamos. Vamos trabalhar juntos! Vamos refletir juntos sobre como satisfazer as necessidades desta grande e querida cidade, sem violar criminosamente a infinidade de regulamentos tão complexos mas — ah! — tão necessários, desta velha instituição. Estou à sua inteira e completa disposição.

Beslay — Senhor marquês, eu também estou à sua disposição para uma negociação amistosa.

9

a

Câmara Municipal. Sessão da Comuna. Beslay, de pé, se defende de um ataque violento. Reina um grande cansaço.

Gritos — Isso é traição! — Pior: uma estupidez! — Nossos combatentes da Comuna vão ter que passar fome porque nós temos que ficar ouvindo o senhor Diretor do Banco da França falar em "formalidades imprescindíveis"? — Chega de negociações, vamos enviar um batalhão!

Beslay — Cidadãos, se estão descontentes com o meu trabalho, estou pronto para me retirar! Mas não se esqueçam que a riqueza da França é a nossa riqueza e deverá ser administrada por um pai de família econômico!

Grito — E esse é o senhor, ou é o Diretor?

Beslay — Eu me envaideço de ter trazido para o nosso lado este homem, talvez pedante mas honrado, incentivando sua honra profissional e apelando para sua capacidade para encontrar uma saída legal!

Gritos — Não queremos fazer nenhum apelo a ele, o que exigimos é a prisão dele. — Por que se precisa de uma saída legal para que o povo receba seu próprio dinheiro?

Beslay — Os senhores querem a bancarrota? Violem os estatutos do banco e quarenta milhões de notas perdem seu valor. O valor da moeda repousa na confiança!

Gritos — De quem? Dos banqueiros? *Risos*. São problemas delicados! Leia Proudhon, quem quiser falar sobre isso! — Nós tomamos o Estado e devemos administrar o que é nosso.

Varlin — Para quem? Os fatos demonstram que não é suficiente apoderar-se do aparelho do Estado: ele não foi construído para os nossos objetivos. Por isso devemos destruí-lo. E isso não será feito senão com violência.

Gritos — Nada de prisões! Não vamos começar a nova era com o terror! Deixemos essas coisas do passado! — Vocês estão é interrompendo o nosso trabalho pacífico!

Langevin — Ao contrário, estamos é organizando o trabalho.

Gritos — Prendam o Diretor do banco e depois leiam os jornais! — Os da burguesia? Eu leio eles e não entendo porque eles não são proibidos!

Beslay — Cidadãos, eu apresento a moção de que esta discussão continue em sessão secreta.

Langevin — Eu proponho que esta moção seja rejeitada. Não alimentamos nenhuma pretensão de infalibilidade, como fizeram estes antigos governos sem exceção. Vamos tornar públicos todos os nossos discursos e atos, vamos dar conhecimentos ao público de nossas imperfeições, pois não temos nada a temer senão a nós mesmos. Então vou prosseguir. Não quero me deter no fato de que, por duzentos mil francos, o delegado da defesa poderia comprar mil cavalos aos alemães — eles vendem tudo —, mas volto à questão dos pagamentos e gostaria de esclarecer esta questão colocando outra.

Gritos — Não se esqueçam que duzentos mil homens e suas famílias vivem dos soldos. O fuzil substitui seus apetrechos e suas ferramentas de pedreiros. O fuzil tem que alimentar eles.

Ranvier — Eu exijo que se discuta a situação militar.

Langevin — Em vez de se pagar integralmente à milícia, e para isso ir buscar o dinheiro onde ele está, isto é, no Banco da França, estamos aqui regateando também com os salários das mulheres que trabalham nos arsenais da artilharia. Eu encaminho a moção de que sejam revogados todos os contratos assinados com empresários que abaixam os salários para fazer concorrência, e que sejam mantidos somente aqueles estabelecidos com as indústrias que estão nas mãos das associações de trabalhadores.

Grito — De duas coisas, uma de cada vez!

Varlin — Eu apóio a moção de Langevin. *A Beslay* — Mas apóio também a imediata ocupação do banco. Pelas mesmas razões.

Langevin — Uma completa a outra!

Ranvier — Também é preciso ainda discutir o aspecto militar. Estão vendo: são três coisas em uma só! Não há tempo a perder! É preciso destruir o inimigo interno ainda hoje, para amanhã enfrentar os que estão fora dos muros da cidade!

Gritos — E onde encontraremos forças para tudo isso? Nós não temos forças suficientes!

Rigault — Discutem-se aqui sobre as necessidades do povo; por que não se escutam suas propostas? O povo quer intervir imediatamente em todas as partes. Confiemos nesta força, muitos aqui ainda continuam encarando com receio e, mais, com suspeita, esta força que tomou a Bastilha, que decretou a Revolução em Paris, protegeu seus primeiros passos, verteu seu sangue no Campo de Marte, conquistou as Tulherias, aniquilou a Gironda, expulsou os padres e os cultos e, contida por Robespierre, voltou a erguer-se no Prairial, desapareceu durante vinte anos e ressurgiu com o troar dos canhões dos aliados, mergulhou novamente nas trevas, levantou-se em 1830 e, logo refreada, enche com seus movimentos os primeiros anos do domínio do capital, destrói as redes de ação em 1848, quatro meses mais tarde agarra pelo pescoço a república burguesa, e então, mais uma vez abatida, irrompe rejuvenescida em 1868, faz tremer o Império, derruba-o, volta a oferecer-se para lutar contra o invasor estrangeiro, é novamente desprezada e humilhada, até 18 de março, quando esmaga a mão que quer estrangulá-la. Que podemos nós ter aqui contra a intervenção direta do povo? Ele exige assumir imediatamente a direção das indústrias e dos bancos e exige a luta em todas as direções, mas em primeiro lugar a marcha contra Versailles.

Agitação.

Gritos — Então é a guerra civil! — O derramamento de sangue! — Aqui se usa com muita freqüência a palavra violência, cuidado!

Rigault *agitando nas mãos alguns jornais* — Então escutem o que se diz nas ruas de Paris. Eu cito o jornal "La Sociale", um dos poucos jornais que está do nosso lado: "Cidadãos delegados, marchem contra Versailles! Tereis o apoio dos duzentos e vinte batalhões da Guarda Nacional, todos estão a vosso favor, que estais esperando? Nossa paciência já dura um tempo demasiado. Marchem contra Versailles! Confiem em Paris, assim como Paris confia em vós. Marchai sobre Versailles, cidadãos, permitam que nossa força cresça na medida em que seja colocada em ação".

Pára a agitação.

Gritos — Estão citando o que mandaram escrever! — São uns irresponsáveis! — O socialismo avança sem baionetas!

Rigault — Mas o socialismo tem baionetas apontadas contra ele, cidadão. Sobre Marseille e Lyon tremula a bandeira vermelha, mas Versailles está armando contra ela a ignorância e o preconceito das regiões rurais. Vamos levar a chama da rebelião para o campo: vamos romper o cinturão de ferro que cerca Paris, vamos libertar as grandes cidades!
A agitação continua.

Gritos — Isso é uma aventura militar! Chega! A Comuna condena a guerra civil! — Moção: "A Assembléia retoma seu trabalho pacífico, sem se deixar perturbar pelas tentativas dos impacientes, que querem precipitar Paris numa aventura". — De acordo, mas eu proponho, entretanto, que sejam suprimidos os jornais do inimigo. Me refiro a: Le Petit Moniteur, Le Petit National, Le Bon Sens, La Petite Presse, La France, Le Temps. Olhem ao redor de si e estudem os princípios que orientam esta assembléia!
Risos dos que cercam Rigault e Varlin. Neste ínterim, o Presidente recebeu um informe.

Presidente — Cidadãos delegados, acabo de receber um informe que orientará os trabalhos desta assembléia numa outra direção.

b

Um corredor na Câmara Municipal. Delegados e militares entram na sala. Um vendedor de jornais vende L'Officiel.

Vendedor de Jornais —"L'Officiel". "O infame governo de Versailles passa ao ataque!" — "Os soldados do Papa e a polícia municipal do Império penetram em Neully!" — "Mulheres e crianças entre os feridos!" — "Mobilização de todos os cidadãos de 17 a 35 anos!" — "O infame governo de Versailles passa ao ataque!"

Um Velho Mendigo *aproximando-se dele* — Você tem um pedaço de pão?

Vendedor de Jornais — Você não sabe que está proibido pedir esmolas? Versailles está começando a guerra civil!

Mendigo — Eu não posso proibir o meu estômago de berrar de fome, não é?
Delegados abandonam a sala de sessões.

Um Delegado *para outro* — Esse ataque, realizado com tão poucas tropas, é um ato de puro desespero: as eleições no interior correram mal para monsieur Thiers.

Mendigo *interceptando-os* — Messieur, me permitam que eu lhes mostre o balão que agora mesmo está saindo de Paris, pode-se ver ele por cima das casas.

Delegado — Ah, o balão do "La Sociale?" Já começou a subir?

Mendigo — Com proclamações e declarações. Dez mil exemplares para o campo. A terra vai ser entregue aos camponeses. Lá de cima do balão! Eu sou do campo, eu. Eu estou bem informado, eu mostro o balão pros senhores.
Os delegados olham pela janela para o alto.

Mendigo — Senhores, o balão!

Delegado — Você é camponês, meu velho?

Mendigo — De Auvergne, Saint-Antoine.

Delegado — E você está aqui por quê?

Mendigo — Olhe prá mim, eu posso ainda empurrar um arado? Isso é coisa para os jovens.

Delegado — E você veio para a casa de parentes aqui em Paris, não foi?

MENDIGO — Não tem lugar para mim.

DELEGADO — E o que é que você pensa da Comuna?

MENDIGO — Messieurs, às suas ordens. Os senhores querem o melhor, apesar de quererem dividir tudo. Deus proteja os senhores. O balão, messieurs, para ver o balão são dez centavos.

DELEGADO — Mas por que você é contra a divisão da terra?

MENDIGO — Porque, messieurs, tem que tirar ela de alguém.

DELEGADO — Mas não de ti. Você vai ganhar ela.

MENDIGO — Desculpem, messieurs, tiram de alguém. Será que por acaso eu ia continuar com a minha chácara? São dez centavos.

DELEGADO — Mas os teus filhos estão lá, não?

MENDIGO — Estão vendo?

DELEGADO — Mas isso vem do fato de que vocês não têm terra suficiente!

MENDIGO — Posso lhes pedir os dez centavos por olhar o balão, por favor, que daqui a pouco ele vai desaparecer.

DELEGADO — Vocês têm um latifundiário em Saint-Antoinê?

MENDIGO — Claro que sim, monsieur de Bergeret.

DELEGADO — Vocês gostam dele?

MENDIGO — Olha, monsieur, ele cuida do que é dele.

DELEGADO *depois de ter pago, abanando a cabeça* — Um inimigo. Com o bastão de mendigo na mão ele defende a propriedade, até a do ladrão que rouba dele! Para convencer esse vão ser precisos anos. *Sai.*

MENDIGO *mostra a moeda ao vendedor de jornais* — Dez centavos, um bom balão! Como existe idiota, bastava só ele mesmo olhar lá prá cima!

VENDEDOR DE JORNAIS — "Mulheres e crianças entre os feridos!" Vem para cá e deixa de vigarice. Pega um pacote, fica parado lá na frente da outra escada e grita igual a mim. Você ganha um centavo por jornal vendido. *Dá a ele uma pilha de jornais. O mendigo repete os pregões do Vendedor de Jornais.*

Os DOIS — "L'Officiel". "Convocação de todos os cidadãos maiores de 17 anos!"

C

Sessão noturna da Comuna. Alguns delegados estão trabalhando em processos, outros conferenciam entre eles. Um deles aconselha uma mulher que está acompanhada de uma criança.

PRESIDENTE — Visto a inconveniência de uma intervenção desta assembléia nas operações militares e apesar da confusa situação da luta em Malmaison e ao seu redor, continuamos nossas deliberações. Cidadão Langevin.

LANGEVIN — Proposta: considerando que o princípio fundamental da República é a liberdade; considerando que a liberdade de consciência é a primeira de todas as liberdades; considerando que o clero é cúmplice dos crimes da monarquia contra a liberdade, a Comuna decreta: a Igreja será separada do Estado. Assim sendo, solicito aos delegados de assuntos de Ensino Público que ordenem aos professores e professoras retirarem das salas de aula os crucifixos, imagens da Virgem e outros objetos simbólicos e que enviem à Casa da Moeda os que forem de metal.

PRESIDENTE *conta as mãos erguidas* — Aprovada.

GRITOS — Há queixas de que as freiras tratam com desleixo os combatentes da Comuna que estão feridos. E o que está acontecendo com o projeto de abrir salas de leitura nos hospitais? Para a maior parte dos trabalhadores, o tempo no hospital é o único tempo que possuem para se instruírem.

PRESIDENTE *que recebeu uma mensagem* — Cidadãos delegados, o chefe de batalhão André Farreaux, que acaba de regressar da frente de combate, apesar de gravemente ferido, deseja comparecer diante dos senhores para dar uma informação.
Um Oficial da Guarda Nacional é trazido estendido numa maca.

PRESIDENTE — Cidadão Farreaux, eu lhe concedo a palavra.

OFICIAL — Cidadão delegado, Asmières está nas nossas mãos. *Movimentos. Gritos: "Viva a Comuna!" e "Viva a Guarda Nacional!"*

OFICIAL — Cidadãos, com a permissão do delegado responsável pela guerra, eu gostaria de, no momento em que um ferimento me obriga a afastar-me do combate, submeter à vossa consideração alguns problemas que dificultam as operações das tropas e tornam sangrentas mesmo as vitórias. Os nossos combatem como leões, mas com uma indiferença quase total em relação aos armamentos. O direito de propriedade das baterias, somado ao fato de que são formadas por bairros, faz com que de mil setecentos e quarenta canhões, somente trezentos e vinte estejam disponíveis para a ação.

GRITOS — Não se esqueça da particularidade do nosso exército, que é o primeiro deste tipo em toda a história do mundo!
— Foi essa gente quem fundiu os próprios canhões, cidadão oficial!

OFICIAL — Não por conta própria, cidadão delegado. Talvez seja por isso que eles não possam usá-los por conta própria. Os nossos canhões foram usados como fuzis de caça, ou não foram usados. Além disto todo mundo deseja atirar, mas ninguém quer rebocar um carro de artilharia. E cada um escolhe seu comandante e seu posto de combate.

VARLIN — Qual é a sua origem, cidadão oficial?

Oficial — Antigo aluno da Escola de Artilharia de Vincules, capitão das tropas de Linha.

Varlin — Por que luta pela Comuna?

Um dos que o trouxeram na Maca — Ele está conosco.

Varlin — O senhor sabe que, há menos de dois dias, a Comuna decretou a abolição da patente de general? *O Oficial se cala.* Eu presumo que o senhor quer nos propor a entrega do comando a oficiais de carreira?

Oficial — A guerra é uma profissão, cidadão delegado,.

Varlin — O senhor faz isso em conformidade com o delegado de Defesa Nacional, que pessoalmente não compareceu aqui?

Oficial — Que, contra todas as regras da arte militar, luta na primeira linha de combate.

Ranvier — Cidadãos delegados, entendo o ponto de vista deste homem: para se abolir o comando é preciso haver aprendido a comandar. Cidadão Farrrazux, lhe desejamos um pronto restabelecimento. Não interprete mal o silêncio desta assembléia. Não são apenas os incorrigíveis que se calam. Nossas dificuldades são grandes, ninguém nunca antes passou por elas, mas serão superadas. A Comuna está satisfeita com suas informações.
O Oficial é levado para fora.

Ranvier — Cidadãos delegados! Os senhores receberam a notícia de uma vitória e um informe sincero. Utilizaram a ambos. Os senhores têm as tropas, o inimigo tem os oficiais experimentados. Ele não conta com nenhuma tropa como as vossas. Superem a justificada desconfiança contra pessoas que até agora sempre foram vistas no lado contrário; nem todos estão contra os senhores. Juntem a sabedoria ao entusiasmo de nossos combatentes da Comuna, e a vitória será certa.
Aplausos.

d

Sessão da Comuna.

PRESIDENTE — Cidadãos Delegados, interrompo a discussão dos informes sobre o curso favorável das operações militares sem Neuilly, para ler aos senhores as palavras que August Revel pronunciou ontem no Parlamento Alemão. "Todo o proletariado europeu e todos os que ainda carregam no peito um sentimento de amor pela liberdade voltam os olhos para Paris. O grito de guerra do proletariado parisiense 'Morte à Miséria e à Ociosidade' será o grito de guerra dos proletários de toda a Europa." Cidadãos, convido a todos a ficarem de pé em homenagem aos trabalhadores alemães.
Todos se levantam.

VARLIN *calmo* — Viva a Internacional dos trabalhadores! Proletários de todos os países, uni-vos!

10

Frankfurt. Na ópera, durante uma apresentação de "Norma". Pela porta de um camarote saem Bismarck, com o uniforme de Couraceiro, e Jules Favre, com roupa civil.

BISMARCK *acendendo um charuto* — Eu gostaria de ainda lhe dizer alguma coisa, Favre, mas você já está com um belo cabelo completamente grisalho, não? É, vocês agora assinam o tratado de paz aqui em Frankfurt, mas o que está acontecendo em Paris, homem? Finalmente vão arrancar essa bandeira vermelha da Câmara Municipal de Paris! Essa porcaria já me custou várias noites em claro, maldito e péssimo exemplo para a Europa, que como Sodoma e Gomorra deve ser exterminada com breu e enxofre. *Escuta a música que vem de dentro, pois deixou a porta o camarote entreaberta* — Fantástica, essa Altman! E como mulher, também, belíssima. Bem. *Servilmente acompanhado por Favre, continua caminhando e fumando* — Vocês são uns tipos muito esquisitos. Recusam envergonhados a ajuda de nossas armas, mas os prisioneiros nós temos que entregar imediatamente. Já sei, já sei, as coisas não devem acontecer como se fosse o socorro de um país estrangeiro. É como a canção, "Ah, Theodoro, velho carneiro, não me passe a mão nas pernas diante do mundo inteiro", não é? *Volta a escutar a música* — Agora ela morre, fantástico. Está bem, a nossa canalha no Reichstag também exige que entreguemos Bonaparte, mas isso não será feito, esse eu guardo na manga, para ter vocês presos pelo laço, ah, ah. Em troca, eu vou é entregar o populacho, para que vocês possam deixar sangrar seus camaradas em Paris, essa sim é que vai ser uma surpresa. Com guerra ou sem guerra, é preciso haver ordem, e para isso dou minha ajuda a meu inimigo ancestral. Claro, sim. Favre. Mas agora vocês vão logo ter duzentos mil homens libertados por nós... A propósito, vocês têm um dinheirinho para pagá-los?

FRAVE — Agora eu posso lhe dizer que era esta a nossa maior preocupação, mas está resolvida: o Banco da França. Até a data de hoje, podemos levantar duzentos e cinqüenta e sete milhões.

BISMARCK — Bom, isso é um bom trabalho, *à la bonne heure*. Outra coisa: quem garante a vocês que os irmãos não se confraternizem outra vez, como em 18 de março?

FAVRE — Nós escolhemos quadros seguros. Gente de origem camponesa. Além disso, os agitadores não podiam nada com os prisioneiros, não é?

BISMARCK — Ótimo, é possível que a gente tenha passado pelo pior. Mas, como eu disse, eu quero ver os fatos, homem. Eu concordei que vocês só começassem a pagar as indenizações de guerra depois da pacificação de Paris, mas agora façam um pouco de pressão neste sentido. *Escuta* — É fabuloso como ela canta isso. E para que não aconteça nada de errado, Favre, o primeiro cheque vai para Bleichröder, em quem eu tenho plena confiança. É o meu banqueiro particular e eu quero que ele receba sua comissão. Que beleza, essa Altmann.

11

a

Câmara Municipal. É tarde da noite. A sala está vazia. Geneviève vem buscar Langevin, que ainda continua trabalhando.

LANGEVIN — Você se queixa que não há dinheiro para dar de comer às crianças. Sabe quanto foi que Beslay triunfalmente trouxe ontem do banco para a construção de barricadas? Onze mil e trezentos francos. Quantos erros nós estamos cometendo e quantos já cometemos até agora! Naturalmente, deveríamos ter marchado contra Versailles, imediatamente, 18 de março. Se tivéssemos tido tempo! Mas o povo nunca tem mais de uma hora. Infeliz dele, se neste momento não está com todas suas armas, pronto para o combate.

GENEVIÈVE — Mas que povo! Eu hoje de noite quis ir ao concerto em benefício das ambulâncias, nas Tulherias. Esperava-se uma centena de espectadores, vieram milhares. Fiquei plantada no meio daquela multidão imensa. Nenhuma palavra de queixa!

LANGEVIN — São pacientes conosco. *Olha o cartaz.* Número 1. O direito à vida. É isso, sim, mas como vamos fazer para conseguir? Olha para os outros pontos, parecem todos excelentes, mas realmente são? Número 2. Significa também a liberdade de fazer negócios, viver às custas do povo, intrigar contra o povo e servir aos inimigos do povo? Número 3. Mas o que lhes dita a consciência? Eu vou te dizer: aquilo que ditam os que os dominam desde a infância. Número 4. Está, então, permitido aos tubarões da Bolsa, aos povos da imprensa corrupta, aos generais carniceiros e a todos os sanguessugas que se reúnam em Versailles para lançar contra nós as "manifestações de pensamento" que são garantidas pelo número 5? É garantida também a liberdade de mentir? E no número 6 confiamos as eleições aos impostores! Com um povo confundido pela escola, pela Igreja, pela imprensa e pelos políticos! E onde está a nosso direito de ocupar o Banco da França, que abriga a riqueza que acumulamos com nossas mãos? Com este dinheiro teríamos podido subornar a todos os generais e políticos, os nossos e os do senhor Bismarck! Nós devíamos ter estabelecido apenas um ponto: nosso direito à vida!

Geneviève — E porque não fizemos isso?

Langevin — Por esta liberdade, da qual nada se compreende. Como cada soldado de um exército que luta pela vida, nós ainda não estávamos preparados para renunciar à liberdade individual, até termos conseguido a liberdade de todos.

Geneviève — Não terá sido apenas para não termos as mãos manchadas de sangue?

Langevin — Sim, mas nesta luta existem apenas mãos manchadas de sangue ou mãos decepadas.

b

Sessão da Comuna. Entram e saem membros da Guarda Nacional trazendo mensagens. De vez em quando alguns delegados abandonam precipitadamente a sessão. Tudo indica grande cansaço. A atividade diminui ao se ouvir o longínquo troar de canhões.

Delescluze — Cidadãos delegados. Os senhores ouvem os canhões de Versailles. Está começando a batalha final.

Rigault — No interesse do Serviço de Segurança, autorizei a uma delegação de mulheres do 11º Distrito a comparecer diante dos senhores, a fim de exporem, neste momento, alguns desejos da população de Paris.
Aprovação geral.

Delescluze — Cidadãos, fui nomeado pelos senhores para o cargo de delegado de Guerra. As imensas tarefas da reparação dos danos causados pela guerra, a transformação da guerra nacional em guerra social, e também outros golpes imprevistos como a devolução de cento e cinqüenta mil prisioneiros de guerra de Versailles feita por Bismarck, estes e muitos outros fatos não nos deixaram tempo para desenvolver as forças próprias do proletariado no terreno, para ele tão distante e novo, da estratégia militar. Tentamos com todo tipo de generais. Os de baixo, saídos de nossas próprias fileiras, não sabem usar as novas armas; os de cima, que se uniram a nós, não compreendem as novas tropas. Nossos combatentes, que acabam agora mesmo de sacudir a escravidão que os submetia aos donos das fábricas, não se deixam comandar como bonecos. O espírito inventivo e a audácia que possuem são para os oficiais de carreira como tantos outros atos de indisciplina. O comandante-em-chefe Rossel pediu dez mil homens até a manhã seguinte para vencer o cerco do Forte de Issy. Graças às diligências de alguns delegados foram reunidos sete mil homens. Monsieur Rossel, comprovando que faltavam três mil homens para completar o número exigido, foi embora deixando o Forte de Issy para os de Versailles, que se alojam nos quartéis e estão prontos para entrar nos jornais reacionários afirmando que tudo está perdido.

Raivier — O grande cirurgião, imprescindível para a operação, ou lava suas mãos com fenol ou, não havendo fenol, com a água de Pilatos!

Delescluze — Bem, a situação da luta decisiva, da luta nas ruas, depende de tudo isso. Agora é a vez da barricada, desprezada pelos especialistas militares, a hora do combate pessoal de cada habitante em defesa das ruas, das casas. Cidadãos delegados, iremos à luta como ao trabalho, e a faremos bem. Entretanto, cidadãos, se nossos inimigos conseguirem transformar Paris num túmulo, não será nunca o túmulo de nossas idéias.

Grandes aplausos, muitos se levantam. Membros da Guarda trazem três mulheres operárias.

Delescluze — Cidadãos delegados, as delegadas do 11º Distrito.
A Assembléia fica em calma. Alguns delegados se aproximam das mulheres.

Um Delegado — Cidadãs, as senhoras trazem a primavera para a Câmara Municipal.

Mulher — Não tenha medo. *Risos*. Cidadãos delegados, eu tenho uma carta para os senhores. É curta.

Grito — Tem vinte páginas.

Mulher — Fica quieto, garoto, são apenas as assinaturas: quinhentas e cinqüenta e duas. *Risos*. Cidadãos delegados! Ontem à noite foram colocados cartazes em nosso bairro que exortavam a nós, mulheres de Paris, a contribuirmos para que se chegue a uma reconciliação com o chamado governo de Versailles. Nós respondemos: não pode haver conciliação entre a liberdade e o despotismo, entre o povo e seus carrascos. O lugar dos operários e das operárias é nas barricadas. No dia 4 de setembro foi dito: depois de nossos fortes, nossas muralhas; depois de nossas muralhas, nossas barricadas; depois de nossas barricadas, nossas casas; depois de nossas casas, nossos esgotos. *Aplausos mais fortes*. Dito isto, apelamos aos senhores, delegados da Comuna, para que os senhores também não façam de um machado uma pá. Cidadãos, há quatro dias foi pelos ares a fábrica de munições da Avenue Rapp; mais de quarenta operárias ficaram mutiladas, quatro casas desmoronaram. Os culpados não foram identificados. E por que somente os voluntários é que vão para o trabalho e para a luta? Cidadãos delegados, essa não é uma queixa contra os senhores. Compreendam-nos. Mas como cidadãs nós não podemos deixar de temer que a debilidade dos membros da Comuna, desculpem, está corrigido, que a debilidade de alguns, perdão, não consigo ler, está riscado, que a debilidade de muitos — cidadãos delegados, não conseguimos chegar a um acordo sobre isso — *risos* —, portanto, que a debilidade de alguns membros da Comuna destruiria nossos planos para o futuro. Os senhores

se comprometeram a cuidar de nós e de nossas crianças, e eu preferiria saber que os meus estão mortos do que nas mãos dos de Versailles, mas nós não queremos perdê-los por causa de fraquezas. Assinam quinhentas e cinqüenta e duas mulheres do bairro 11. Boas tardes, cidadãos.
As mulheres saem da sala.

VARLIN *levantando-se* — Cidadãos delegados, segundo dizem, as mulheres dos soldados de Versailles choram, mas as nossas não choram. Quereis entregá-las sem nada fazer a um inimigo que nunca recuou diante da violência? Há algumas semanas, aqui mesmo nos disseram: não é necessária nenhuma operação militar, Thiers não tem nenhuma tropa e isso seria a guerra civil frente ao inimigo. Mas a nossa burguesia sem hesitar se juntou ao inimigo do país para desencadear a guerra civil contra nós e recebeu tropas deles, filhos de camponeses de Vendée que caíram prisioneiros, tropas tranqüilas, inacessíveis a nossa influência. Não existe nenhum conflito entre duas burguesias que as impeçam de unir-se imediatamente contra o proletariado de uma ou de outra. E então nos disseram aqui: nada de terror. Onde estará o Novo Tempo? Mas Versailles pratica o terror e quer nos massacrar a todos, para que os novos tempos não cheguem nunca. Se formos derrubados, será por causa da nossa clemência, que é sinônimo de nossa negligência, e por nossa vontade de paz, que é sinônimo de nossa ignorância. Cidadãos, nós lhes imploramos, vamos finalmente aprender com o inimigo!
Aplausos e inquietação.

RIGAULT — Cidadãos, se deixarem de elevar suas vozes pedindo clemência para o inimigo mortal, poderiam escutar seus canhões! *Silêncio. Volta a ouvir-se o som dos canhões* — Não tenha a menor dúvida de que ele será implacável. No momento em que ele se prepara para executar a grande sangria, Paris está invadida por seus espiões, sabotadores e agentes. *Ergue sua pasta* — Eu tenho aqui os nomes que há semanas estou mencionando. O arcebispo de Paris não fica só rezando. O Diretor do Banco de França conhece a maneira de fazer render o dinheiro do povo, que se recusa a entregar. O Forte Caen foi vendido a Versailles por cento e vinte mil francos. Na Place Vendôme, entre as ruínas do monumento ao militarismo, negocia-se abertamente com os planos exatos de nossas fortificações. Nossas irritadas mulheres jogam os espiões no Sena, seremos nós que vamos lá para pegá-los de volta? Mas em Versailles duzentos e trinta e cinco prisioneiros membros da Guarda Nacional são fuzilados como se fossem cães raivosos, e fuzilam nossas enfermeiras. Quando começaremos a aplicar represálias?

GRITO — Cidadão, já discutimos sobre isso. Nós decidimos que não queremos fazer o que fazem os inimigos da Humanidade. São eles os monstros, nós não.
Aplausos.

VARLIN — A questão "Desumanidade ou Humanidade" será decidida através da questão histórica "O Estado deles ou o nosso Estado".

GRITOS — Nós não queremos nenhum Estado, porque não queremos a opressão.

VARLIN — O Estado deles ou o nosso Estado.

GRITO — Se passamos para a opressão, não poderemos nos excluir dela, mas nós combatemos pela liberdade.

VARLIN — Se os senhores querem a liberdade, os senhores terão que oprimir os opressores. E prescindir da parte de liberdade que para isso for necessário. Só poderão ter uma liberdade, a liberdade de combater os opressores.

RIGAULT — Terror contra terror, oprimir ou ser oprimido, destruir ou ser destruído!
Grande agitação.

GRITOS— Não! não! — Isso significa ditadura! — Amanhã é a nós que os senhores destruirão! — Exige-se a execução do arcebispo de Paris, e apontam para nós, que somos contra isso! — Quem com ferro fere, com ferro será ferido!

Varlin *gritando* — Eu, aquele que não quer ferir?
Breve silêncio.

Grito — A generosidade da Comuna produzirá seus frutos! Deixem que eles digam sobre a Comuna: ela queimou a guilhotina.

Rigault — E deixou o Banco de pé! Generosidade! Cidadãos, a Comuna decidiu adotar também os órfãos dos soldados que caíram lutando a favor de Thiers. Abasteceu com pão as mulheres de doze destes assassinos. Para as viúvas não existem bandeiras, a República tem pão para todos que estão na miséria e beijos para todos os órfãos. Está certo! Mas onde a ação contra o assassinato, que eu chamaria de parte ativa da generosidade? Não me venham dizer: direitos iguais para os que lutam, lá como aqui. O povo não luta como os pugilistas e os comerciantes lutam. Ou como as nações que compartem os interesses destes comerciantes. O povo luta como o juiz contra o malfeitor, como o médico conta o câncer. E por isso é que eu exijo somente terror contra o terror, ainda que nós sejamos os únicos que temos direito ao terror!

Grito — Isto é uma blasfêmia! Quer negar que o emprego da violência degrada também aquele que a pratica?

Rigault — Não, não nego isso.

Gritos — Cassem a palavra dele! Estes são os discursos que nos desacreditam? Olhem ao meu redor. Nós já não somos mais tantos, como éramos em março! Fale, Delescluze! Delescluze! Delescluze!

Delescluze — Cidadãos, eu estou indeciso, confesso. Eu também até agora solenemente levantei minha voz contra a violência. "Recusai esta opinião profundamente arraigada de que a justiça precisa da violência", eu dizia. "Deixem que finalmente ela triunfe de mãos limpas! A mentira precisa do sangue, a verdade pode ser escrita com tinta", eu dizia. "Em poucas semanas a Comuna de Paris fez mais pela dignidade humana que todos os outros regimes em oito séculos. Continuemos tranqüilamente organizando as relações entre os homens, para pôr fim à exploração do homem pelo homem", eu dizia, dediquemo-nos ao nosso trabalho, que beneficia a todos que não sejam parasitas — e os cinqüenta exploradores de Versailles verão seu bando de lacaios se derreter como a neve ao sol da primavera. A voz da razão, sem ódio, irá deter os verdugos. Esta simples frase: "vocês são operários como nós" fará com que venham nos abraçar. Isso era o que eu dizia, como tantos de vocês. Que nos seja perdoado, a mim e a vocês, se nos enganamos! Eu peço aos delegados que ainda agora também continuam contra as represálias, que levantem as mãos.

Lentamente, a maioria levanta a mão.

Delescluze — A Comuna se pronuncia contra represálias — Cidadãos delegados, os senhores receberão os fuzis.
Guardas Nacionais entram com as mãos carregadas de fuzis, que distribuem entre os delegados.

Delescluze — Cidadãos delegados, prosseguiremos com os trabalhos em curso. Passamos a discutir a organização de uma comissão para a educação da mulher.

TODOS OU NINGUÉM

1

Escravo, quem vai te libertar?
Aqueles que estão no fundo mais fundo,
Camarada, vão te ver.
E ouvirão o teu grito:
Os escravos vão te libertar.
    Ninguém ou todos. Tudo ou nada.

Sozinho ninguém pode se salvar.
Fuzis ou correntes.
Ninguém ou todos. Tudo ou nada.

2

Faminto, quem vai te alimentar?
Se quiseres um pedaço de pão
Junta-te a nós, nós que temos fome
Deixe que te mostremos o caminho:
Os que têm fome vão te alimentar.
    Ninguém ou todos. Tudo ou nada.
    Sozinho ninguém pode se salvar.
    Fuzis ou correntes.
    Ninguém ou todos. Tudo ou nada.

3

Quem, vencido, quem te vingará?
Tu, que fostes golpeado
Junta-te às fileiras dos feridos
Nós em todas nossas fraquezas,
Camarada, vamos te vingar.
    Ninguém ou todos. Tudo ou nada.
    Sozinho ninguém pode se salvar.
    Fuzis ou correntes.
    Ninguém ou todos. Tudo ou nada.

4

Quem, perdido, que se atreverá?
Quem sua miséria não mais suporta
Pode, deve se juntar com aqueles
Que por necessidade cuidam
Para que seja hoje e não amanhã.
    Ninguém ou todos. Tudo ou nada.

Sozinho ninguém pode se salvar.
Fuzis ou correntes.
Ninguém ou todos. Tudo ou nada.

12

Place Pigalle, Domingo de Páscoa de 1871. Jean Cabet, François Favre e duas crianças trabalham na construção de uma barricada. Babette Cherron e Geneviève Guéricault costuram sacos de areia. Ouve-se, na distância, troar de canhões. Geneviève acaba de cantar uma canção para as crianças que, com pás maiores que elas mesmas, estão revolvendo a argamassa numa tina de madeira.

CRIANÇAS — Por favor, a senhorita pode cantar outra vez, mademoiselle?

GENEVIÈVE — Mas esta é a última vez.
Ela canta —
    É dia de Páscoa. Baile no Sena
    Para o vovô, para as crianças e para todos nós
    Porque lá os barquinhos azuis
    Foram pintados de novo.

    E na hora de procurar os ovos
    Se ouve ao longe nos bosques
    As crianças já praguejando
    Contra a hora do almoço.

    Debaixo das folhagens nas mesas
    Conta-se como foi engraçado
    E para Ivry pescar
    Iremos no próximo ano.

A CRIANÇA *repete cantando* — Iremos no próximo ano.

OUTRA CRIANÇA *para Jean* — Você e a Babette, vocês dormem juntos?

JEAN — Sim.

A CRIANÇA — Ela está louca por você, não é?

JEAN — Hum. É, ela se apaixonou por mim.

BABETTE — Você se apaixonou por mim.

JEAN — Como foi, ela sabe, foi ela quem começou.

BABETTE — Como assim? Eu não disse nenhuma palavra, você sabe.

JEAN — Não, eu sei. Mas os teus olhos.

BABETTE — E os teus? *Para François* — Por que você está inquieto, rapaz?

FRANÇOIS — A mim não agrada o tom com que você fala isso: "Philippe fugiu". Isso tem que ser considerado objetivamente, isto é, sem paixão. Eu suponho que, ao contrário de nós, a luta lhe parecia sem esperança, portanto: ele abandonou Paris.

JEAN — Você quer dizer, nós. A nós, os que combatemos.

FRANÇOIS — A nós, não, só a luta, sem esperança.

JEAN — Infelizmente nós não podemos abandonar Paris tão facilmente. E por quê? As folhas não podem abandonar a árvore, os piolhos sim. É um piolho o teu Philippe.

FRANÇOIS — Eu vou rebentar os teus dentes, Jean.

JEAN — Mais objetivamente, por favor.

FRANÇOIS *desanimado* — Ah, Jean, nós não sabemos nada. *Pausa*. O que você está pensando, poderia talvez se exprimir assim: Philippe não é um homem especialmente valente, porque não aprendeu a pensar.

JEAN — Certo.

BABETTE — Se eu for viver com Jean, Geneviève, você vai poder sozinha pagar o aluguel?
Pausa.

GENEVIÈVE — Sim, Babette.

JEAN — Oh, diabo. Vocês mulheres, precisam ficar sempre falando do futuro?

GENEVIÈVE *em voz baixa* — Ela precisa, Jean.

FRANÇOIS — O mal é que nós estamos isolados do campo. Não podemos nos dirigir à França.

GENEVIÈVE — Eles podem pensar por si mesmos.

JEAN — Babette, isso me faz lembrar que temos que ir buscar o nosso material de pintar. Uma coisa é certa: se eles atacam, Paris vai se converter no túmulo deles, não é, François?
Continuam a trabalhar. Entra Mme. Cabet.

MME. CABET — Desculpas, eu tinha verdadeiramente necessidade de ir à missa e ontem de noite eu ainda costurei mais quatro sacos extras. Aqui estão os seus presentes de Páscoa.
Dá um pacote a François.

FRANÇOIS *abre-o* — O livro de Lavoisier. Ainda ontem eu quis ler um trecho dele.

MME. CABET — Oh, Jules e Victor, vocês é que deviam ter recebido antes, me desculpem. *Dá um pão a cada um* — Jean, aqui está a gravata, eu diminuí um pouco a bandeira. Papa não queria, mas eu fiz isso. Não tenho nada para você, Geneviève, mas aqui está um aperto de mão. *Aperta as mãos de Geneviève* — É sempre tão triste quando a gente não tem nada prá dar de presente, não é? E isto para você, Babette, e para nenhuma outra pessoa, você compreende, não é? *Dá a*

Babette um ovo de Páscoa — Na próxima Páscoa ele também vai receber um igual.

JEAN — Você. *Riem.*

MME. CABET — E agora eu gostaria que vocês viessem à minha casa, eu ainda tenho um pouquinho de vinho.
Todos vão com ela, menos Geneviève. Quando também ela se levanta, vê duas freiras que se aproximam.

UMA FREIRA *em voz baixa* — Geneviève!

GENEVIÈVE *corre para ela e abraça-a* — Guy!

GUY — Calma, querida, foi muito duro?

GENEVIÈVE — Mas por que é que você anda com esse traje? Sete meses!

GUY — Você pode me levar até o teu quarto? Você mora sozinha? E será que você me consegue uma navalha de barbear? Essa maldita barba!

GENEVIÈVE — Mas porque tanto mistério, aqui você está em segurança. Você fugiu da prisão?

GUY — Não, eu explico tudo para você, mas no teu quarto.

GENEVIÈVE — Mas eu não moro mais sozinha, a Babette está comigo e ela pode chegar a qualquer momento. Quer dizer, se ninguém te ver. Guy, você não está aqui em Paris contra a Comuna, não é? Você não está com Thiers, não é?

GUY — Ah, você ainda a favor da Internacional? Apesar de todos os horrores?

GENEVIÈVE — Que horrores?

GUY — Ah, vai. Já passou o tempo da declamações revolucionárias e humanitárias, agora vai ser a sério. Toda França está cansada destes assaltos e dessa violência.

Geneviève — E então você se transformou em espião do carrasco Thiers.

Guy — Geneviève. A gente não pode discutir isso aqui na rua. Já me viram, não quis te comprometer, essa maldita barba é que me obrigou. Afinal, nós somos noivos, ou fomos, talvez seja melhor dizer assim. Você não pode me deixar entregue aos cães, e as irmãs de Saint-Joseph estão metidas nisso também. Eu pensei, você é católica, ou isso também já acabou?

Geneviève — Sim, Guy.

Guy — Que lindo serviço! E isso tudo na rua!

Geneviève — A rua é um bom lugar, é na rua que a gente se prepara para defender as nossas casas.

Guy — Tudo isso é pura maluquice. Versailles está pronta para atacar. Três corpos de exército. Se você me entrega à morte...
Ele busca uma pistola por baixo das roupas de freira.

Papa *que chegou com Coco e viu o que se passava* — Um momento, monsieur. *Aponta seu fuzil.* Mademoiselle, a senhorita tem amigos interessantes.

Geneviève — Monsieur Guy Suitry, meu noivo, Papa.
A freira que veio com Guy subitamente sai correndo.

Papa — Segura ela, Coco. Ou ele. *Para Geneviève* — Explique-se.

Geneviève *enquanto Coco corre atrás da freira* — Monsieur Suitry estava prisioneiro na Alemanha e está em Paris tratando de assuntos de monsieur Thiers.

Guy — Geneviève!

Papa — Ah! Eu lamento muito, Geneviève.

Coco *de volta* — Ela não tem peito, mas é mulher. Vamos encostar ele no muro, e então fazer uma pequena visita ao convento de Saint-Joseph. *Com a baioneta empurra Guy para junto da barricada* — Vira de costas.

François *chegando* — Geneviève, onde você está? O que está acontecendo aqui?

Papa — O Guy da Geneviève voltou. Bismarck devolveu ele para Thiers, para ele vir aqui nos espionar. E as freiras de Saint-Joseph o acolheram por caridade. *Para Guy* — Vira de costas.

François — Vocês não podem fazer isso. Só podem prender ele.

Papa — Para em seguida ele ir ao Petite Roquette comer costeletas com o senhor arcebispo. Infelizmente a nossa gente da Comuna se rivaliza com Saint-Joseph em matéria de caridade, até que nos encostem todos no paredão. *Para Guy* — Não, você não vai informar ninguém sobre o que você viu na Rue Pigalle.

François — Não cometa este ato irrefletido, Papa!

Papa — Ah, isso é um ato irrefletido? O general Gervais vende um de nossos fortes em Versailles, mas o irrefletido sou eu, é? Na certa vocês pensam aqui que eu estou um pouco mais metido dentro disso tudo do que vocês, o que explica a minha violência, não é? *Para Geneviève* — Houve uma certa manhã em que nós nos encontramos, e eu não tinha dormido.

Geneviève — Cidadão Goule, eu aprendi em meio a este tempo, que se trata do seguinte: um por todos, todos por um. E ainda que fosse apenas para defender o senhor, eu não sairia de perto desta barricada.

Papa *inseguro* — Eu acho que compreendo você.

François — Madame Cabet não poderia agüentar isso, Papa. Deixe Geneviève decidir, não faça nada de precipitado. Geneviève, diz a ele que você não quer isso. Você não deve ficar pensando que nós achamos que você faz isso porque ele é teu noivo. Fale com ele, Geneviève.
Geneviève fica calada.

Papa — Está bem, Geneviève, vai para casa.

Coco — Você, fique de costas.
Entra Mme. Cabet com as crianças.

Mme. Cabet — Jean e Babette querem estar sozinhos. Ah, o amor! É bem melhor que coser sacos para a areia. O que uma freira está fazendo aqui?

Coco — Não é uma freira, Mme. Cabet. É o noivo de Geneviève. Um espião.

Mme. Cabet — Porque ele está encostado no muro? Ele está se sentindo mal, vocês não vêm? *Todos ficam calados.* Não! Não façam isso, não no domingo de Páscoa! E diante das crianças! Diante das crianças, isso é uma coisa que nem se discute. Entreguem ele para a polícia, isso já é bastante duro para Geneviève. Você vem comigo, tomar um copo de vinho, você pode precisar. Não façam besteiras aqui.

Papa *de mau humor* — O diabo que os carregue. Vão pisar em cima de vocês como em cima de bosta. Vai, seu canalha, e agradeça às crianças, são elas que mandam aqui em Paris.
Coco e ele mesmo levam Guy embora.

François *para as crianças* — Vamos ao trabalho!
Elas começam novamente a trabalhar, Mme. Cabet quer levar Geneviève, mas ela abana a cabeça e senta-se para costurar os sacos.

François — Entre nós também tem gente má. Agora até mesmo criminosos estão sendo incorporados aos batalhões.

Mme. Cabet — É. Que eles estejam do nosso lado é a única coisa de bom que fizeram na via.

François — Também os de cima. Gente que só busca tirar proveito.

Mme. Cabet — Nós recebemos o que recebemos.

François — Eu preciso derrubar a árvore de maçãs.

Mme. Cabet — É necessário mesmo? *Entram Jean e Babette. Jean e Babette, François quer derrubar a macieira.*

Babette — Não.

Jean — Não vai ser nunca uma barricada de verdade com ela lá no meio, mas deixo ficar, se você quer. *Bate com os dedos no canhão* — Com munição ou sem munição, é bom ter você aqui, digam o que disserem os generais, inclusive os nossos. *Ele e Babette desenrolam uma faixa onde está escrito: "Vocês são proletários como nós".* Aí está o meu lema, François. *Suspendem a faixa por cima da barricada, com o texto voltado para o lado em que podem vir os atacantes.* É preciso dizer isso a eles.

Mme. Cabet — Não sei, Jean, se são os mesmos que estavam antes no exército, os da província... Estes lacaios de camponeses, que trabalham dezesseis horas por dia, e os filhos de quitandeiras endividadas, e até mesmo os sapateiros, eles sempre pensam que são superiores aos operários.

Jean — Talvez reflitam melhor sobre isso quando encontrem a faixa junto com o fogo de nossos fuzis, mamãe.

13

Durante a semana sangrenta de maio na Place Pigalle. Na barricada, prontos par atirar, estão Geneviève Guéricault, Jean Cabet, François Faure e dois civis. O Couraceiro alemão ajuda Papa a arrastar uma caixa de munições até um canto do muro. Uma mu-

lher desconhecida, gravemente ferida, está deitada num lugar protegido. Fortes descargas de artilharia. Tambores, que indicam ataque nas ruas vizinhas. A macieira está em flor.

FRANÇOIS *gritando* — Langevin e Coco já teriam chegado há muito tempo, se ainda estivessem vivos. Hoje faz três dias.

PAPA — Coco está vivo. E se Paris hoje expulsar de volta para casa essa gente com as cabeças sangrando, toda essa corja de Versailles se dispersará, desta vez para sempre.

FRANÇOIS — Eles estão bem armados, com metralhadoras. Sabem, os novos tempos dão sempre suas armas primeiro à hienas dos tempos antigos.

PAPA — Em 18 de março nós teríamos destruído o ninho deles em duas horas.

FRANÇOIS — O que é que você acha, Jean?

JEAN — É como você mesmo me falou uma vez: nós não sabemos nada.

GENEVIÈVE — Assim, Jean, a gente aprende.

JEAN — Quando estivermos embaixo da terra, vai nos ajudar muito.

GENEVIÈVE — Vai ajudar, Jean. Agora estão voltando outra vez.

JEAN — Ainda não. O que adianta eu e você sabermos, Geneviève, quando nós estivermos mortos!

GENEVIÈVE — Eu não estou falando de você e de mim, eu estou falando "nós". Nós é mais que você e eu.

JEAN — A única coisa que eu desejo é que a gente tenha bastante "nós" ao nosso lado e atrás de nós.
Tudo parece ter se tornado mais calmo.

A MULHER FERIDA *subitamente falando com clareza* — Eu, eu moro na Rue des Cygnes número 15, escrevam na parede, perto da porta, para o meu marido, o que aconteceu comigo. Eu me chamo Jardain.

FRANÇOIS — Está bem, Rue des Cygnes número 15.

A MULHER FERIDA — Nós queríamos continuar a luta contra os prussianos porque se dizia que eles não iam nos devolver os prisioneiros em seguida, não foi? Eu tenho dois lá. Agora eles voltam, é. *Aponta para o outro lado da barricada.* O que devem ter contado a eles sobre nós! Estou me sentindo mal de novo.
Cai para trás e novamente começa a delirar.

FRANÇOIS — Estão assim tão furiosos porque são obrigados a fazer isso.

JEAN — A gente devia levar ela para o interior da casa.

FRANÇOIS — Não, se ela não quer. Ela tem medo que pegue fogo.

JEAN — Sim, ela sabe usar um fuzil. *Ouvem-se tambores mais próximos* — É na Rue Blanche.
Pierre Langevin entra, seguido de uma criança.

LANGEVIN *procura afastar a criança* — Vai embora, isso é uma ordem, aqui você só atrapalha. *A criança retrocede, mas logo se detém, esperando por ele.* — Na Rue Blanche estão precisando de reforços.

JEAN *encolhe os ombros* — Onde está Coco?

LANGEVIN *abana a cabeça, olhando para Papa* — Vocês podem dispensar o Couraceiro?

PAPA — Saúde, Coco. Não, ele só entende a minha língua. Como estão as coisas na Câmara Municipal?

LANGEVIN — Não tem mais ninguém lá. Estão nas barricadas. Delescluze caiu na Place du Chateau. Vermoral está ferido,

Varlin luta na Rue Lafayette. Na Estação do Norte a carnificina é tal que as mulheres saem para as ruas, esbofeteiam os oficiais e em seguida elas mesmas se encostam nos paredões.
Langevin sai, seguido pela criança.

JEAN — As coisas vão mal, ele nem perguntou por mamãe.
Mme. Cabet e Babette trazem sopa.

MME. CABET — Crianças, vocês precisam comer, mas não tem mais cebola. E por que vocês estão com os quepes na cabeça se não servem para nada, só para vocês serem reconhecidas? Você tem que comer com a colher da so... Vai dar a colher de sopa para Jean, quando cai.

JEAN — Mamãe!

FRANÇOIS — Veio do telhado.

PAPA *agitado* — Protejam-se. Foi só no braço.
Ele corre e arrasta Mme. Cabet para a casa, Babette, atordoada, junta a louça. A meio caminho da casa, cai ela também.

GENEVIÈVE *detendo Jean* — Jean, você não deve ir lá.

JEAN — Mas ela não está gravemente ferida.

GENEVIÈVE — Está sim, Jean.

JEAN — Não está, não.

FRANÇOIS — Aí vêm eles. Atirem! *Ele atira.*

JEAN *de volta para a barricada, atira também* — Seus cachorros, seus cachorros, seus cachorros!
Um dos civis foge. Papa regressa. Na rua à esquerda avançam Soldados de Linha, se ajoelham e fazem fogo. François cai. A descarga derrubou a faixa. Jean aponta para onde ela estava e cai. Geneviève apanha a bandeira vermelha que está na barricada e vai com ela

para o canto onde Papa e o Couraceiro fazem fogo. O Couraceiro cai. Geneviève é atingida.

Geneviève — Viva a... *Cai.*
Da casa sai Mme. Cabet arrastando-se e vê os corpos. Papa e o civil continuam disparando. De todas as ruas agora surgem Soldados de Linha com baionetas caladas, que avançam em direção à barricada.

14

Dos muros de Versailles, a burguesia assiste ao fim da Comuna com lunetas e binóculos de teatro.

Uma Dama — O meu único medo é que eles escapem para Saint-Ouem.

Um Senhor — Não se preocupe, madame. Já há dois dias que assinamos um contrato com o príncipe herdeiro da Saxona para que os alemães não deixem ninguém fugir. Onde está a cesta com a comida, Emilie?

Outro Senhor — Que espetáculo grandioso! Os incêndios, o movimento matemático das tropas! Agora se compreende o gênio de Haussmann, quando abriu os bulevares de Paris. Discutia-se se eles contribuíam para o embelezamento da cidade. Agora não resta nenhuma dúvida, eles contribuem aos menos para a sua pacificação!
Grande detonação. Os cavalheiros aplaudem.

Uma Voz — Foi a Prefeitura de Montmartre, um ninho particularmente perigoso!

Uma Aristocrata — Os binóculos, Apette. *Observa com os binóculos de teatro.* Extraordinário!

Uma Dama ao Seu Lado — Se o coitado do arcebispo estivesse vivo para ver isso! Foi um tanto duro da parte dele não ter trocado ele por este Blanqui.

Aristocrata — Que absurdo, minha querida. Ele explicou isso esplendidamente com uma clareza latina! Esse Blanqui, um defensor da violência para corja, valia um batalhão inteiro, e o assassinato do arcebispo, que Deus o tenha em sua Glória, para nós valia dois batalhões. Ah, aí vem ele em pessoa.

Thiers chega, acompanhado de um ajudante, Guy Suitry. É recebido com aplausos. Ele sorri e inclina-se.

A Aristocrata *a meia-voz* — Monsieur Thiers, isto significa a imortalidade para o senhor. O senhor devolveu Paris à sua verdadeira dona, a França.

Thiers — A França, madame e messieurs, sois vós.

Turandot ou o Congresso das Lavadeiras

Turandot oder der Kongress der Weisswäscher
Escrita em 1954

Tradução: Aderbal Freire Filho e Renato Icarahy da Silveira

A peça *Turandot ou o Congresso das Lavadeiras* faz parte de um amplo complexo literário, em sua maior parte em forma de planos e esboços. A ele pertence um romance, *O declínio dos Tuis*, um volume de contos, *Histórias de Tuis,* uma seqüência de pequenas peças, *Farsas Tuis,* e um pequeno volume de tratados, *A arte de lamber saliva e outras artes.*

Todos esses trabalhos, que ocuparam o autor por uma década, tratam do abuso do intelecto.

PERSONAGENS

O Imperador da China
Turandot, sua Filha
Jau Jel, seu Irmão
Mãe do Imperador
Faxineira
Duas Criadas de Turandot
Tui da Corte
Primeiro-Ministro
Hi Wei, Redator da Escola, Representante da Liga Tui
Munka du, Seu Filho
Ki Leh, Reitor da Universidade Imperial
O Geógrafo Pauder Mil
O General, Ministro de Guerra
Dois Tuis da Liga
Si Fu, Aluno Tui
Quatro Tuis do Mercado Tui
A Sha Sen — Camponês
Eh Feh — Seu Neto
Representante dos Camiseiros
Representante dos Sem-Roupa
Kiung Su, Yao — Lavadeiras
Fabricante de Armas e Munição
Gogher Gogh — Ladrão de Rua
Ma Gogh — sua Mãe
Seus Dois Guarda-Costas
Ceifador
Tuis, Tuis Jovens, Alunos Tuis
Sem-Roupa
Policiais
Homens Armados
Soldados
Ladrões de Rua
Homens / Mulheres

1

NO PALÁCIO IMPERIAL

Uma mulher lava o chão. Entra o Imperador. É seguido pelo Tui da Corte e pelo Primeiro-Ministro, que também usa um chapéu de tui.

IMPERADOR — Eu estou fora de mim! Que eu tenha de escutar que o Estado está afundando por causa da má administração e da corrupção, vá lá. Mas que por causa disso eu tenha que me privar do meu segundo cachimbo do café da manhã, já é demais! Ouçam a opinião do Imperador da China: eu não admito que façam isso com a minha pessoa.

PRIMEIRO-MINISTRO — O seu coração, majestade! É por causa do seu coração!

IMPERADOR — Meu coração! Se o meu coração vai mal é porque ninguém me leva a sério. Semana passada confiscaram meus duzentos cavalos de corrida, porque eu não devo mais montar! E fiquei calado...

PRIMEIRO-MINISTRO — Calado!

IMPERADOR — Ou quase! E agora fico sabendo que meu segundo cachimbo do café da manhã foi cortado. Meu coração! As rendas estão diminuindo! Um belo dia, me deixaram escolher entre o monopólio da seda e o monopólio do algodão. Eu me agarrei com as duas mãos à seda. Mas me aconselharam o algodão. Eu nunca tinha visto ninguém que vestisse algodão. Todo mundo usa seda. Muito bem, eu pensei: talvez o povo use algodão. Pois bem, eu estou com o povo. E agora eu estou falido. *Para seu irmão Jau Jel, que acaba de entrar.* Jau Jel, eu renuncio.

JAU JEL — E por que desta vez?

TUI DA CORTE — A China sem o seu Imperador!

Primeiro-Ministro — Impensável! Para começo de conversa, iam examinar as contas!

Imperador — Para começo de conversa, não devem confiscar o meu cachimbo da manhã, se acham que eu valho alguma coisa.

Faxineira *com quem o Tui da Corte esteve falando em voz baixa* — Não nos abandone, senhor Imperador! *A um sinal do Tui da Corte, caindo de joelhos.* Como uma simples mulher do povo eu imploro de joelhos que continue suportando o peso da coroa.

Imperador — Eu estou comovido. Mas não posso fazer isso, cara senhora. Eu não posso mais cumprir o meu papel de Imperador. *A Jau Jel* — E a culpa é sua. E não me desminta! Se naquela época eu não tivesse entregue a responsabilidade do monopólio a você...

Primeiro-Ministro *lançando um olhar à Faxineira* — Sua Majestade recusou solenemente o monopólio para que ninguém pudesse dizer...

Tui da Corte — ... que Sua Majestade estava metido com negócios.

Imperador — Isso! Para que, de algum modo, se pudesse fazer dinheiro. Mas estão fazendo dinheiro? Eu exijo uma prestação de contas!

Jau Jel *irritado* — Chega! *Puxa a Faxineira para a frente.* Quanto a senhora pagou por este lenço da sua cabeça?

Faxineira — Dez ienes.

Jau Jel — Quando? Quando foi que a senhora comprou?

Faxineira — Faz três anos.

Jau Jel *para o Imperador* — E você sabe quanto se paga agora por lenço igual a esse? Quatro ienes.

IMPERADOR *apalpando o lenço* — Isso é algodão?

PRIMEIRO-MINISTRO — Algodão, Majestade.

IMPERADOR *sombriamente* — E por que agora vendem tão barato?

PRIMEIRO-MINISTRO — Ah, Majestade, já que tocou no assunto, precisa ficar sabendo! Estamos passando por um dos anos mais terríveis da história da China. A colheita...

IMPERADOR — O que é que tem a colheita? O tempo foi ruim?

PRIMEIRO-MINISTRO *com um riso cavernoso* — Foi ótimo!

IMPERADOR — Os camponeses foram preguiçosos, então?

PRIMEIRO-MINISTRO — Trabalharam muito.

IMPERADOR — Então o que foi que aconteceu com a colheita?

PRIMEIRO-MINISTRO — Foi abundante! Essa é que é a desgraça! Como tem muito, vale pouco.

IMPERADOR — Está querendo me dizer com isso que eu tenho algodão demais para poder obter um preço decente por ele? Sendo assim, façam o favor de sumir com esse algodão.

PRIMEIRO-MINISTRO — Mas Majestade! E a opinião pública?

IMPERADOR — O quê? Com esse chapéu de tui na cabeça e quer me convencer que tem medo da opinião pública? Prepare imediatamente o texto da minha renúncia! *Saindo.*

PRIMEIRO-MINISTRO — Ai, meu Deus!

IMPERADOR *voltando* — E não admito que façam mais alguma coisa que possa prejudicar a minha imagem! *Sai definitivamente.*

PRIMEIRO-MINISTRO — Eu quero que me lavem, mas não quero que me molhem! Meus amigos, eu fui educado nas melhores escolas tuís do país, domino a literatura tuísta, e há trinta anos discuto com os tuis mais esclarecidos todas as idéias que poderiam salvar a China. Meus amigos, não há nenhuma.

MÃE DO IMPERADOR *que entra trazendo uma pequena bandeja com um serviço de chá* — Está na hora de tomar um chazinho bem gostosinho. Onde está o meu filhinho?

JAU JEL -– Foi embora. Mãe, eles deixaram de novo você... *A Mãe do Imperador volta-se para a porta.* É um horror como esses médicos estão sempre deixando ela escapar! Aposto como o chá está envenenado de novo.

TUI DA CORTE — Os médicos se deixam enganar porque em geral ela se comporta como uma pessoa equilibrada.

JAU JEL *suspirando* — Às vezes eu compreendo! De vez em quando até que eu a entendo!

MÃE DO IMPERADOR *que voltou, falando para Jau Jel* — Tome um pouquinho você, ao menos.

JAU JEL — Mamãe, você é impossível!
A Mãe do Imperador, desapontada, se dirige à porta. Neste momento entra um Médico precipitadamente.

MÉDICO — Por favor, me dê essa xícara, Majestade.
Arranca o chá da mão dela e os dois saem.

PRIMEIRO-MINISTRO — Só dou mais dois anos para a China.

2

CASA DE CHÁ DOS TUIS

Lendo e jogando em tabuleiros, os tuis estão sentados diante de mesinhas. Clientes, na maioria do campo, lêem as tabuletas: "Duas formulações menores por três ienes"; "Aqui se alteram opiniões. Ficam novas em folha"; "Mo Si, o famoso Rei da Desculpa"; "Você comercia. Eu forneço os argumentos"; "Por que você é inocente? — Nu Shan lhe dirá"; "Faça o que quiser, mas formule decentemente".

Mo Si — Tenho que me apressar. Hoje ainda preciso preparar uma formulação muito difícil. É a respeito de uma cobrança do Banco Municipal. O aumento de preços.

Ka Muh — Hoje eu não formulo mais nada. Ontem eu vendi para um vendedor de tripas uma opinião sobre música atonal.

Mo Si — Contra. Eu não vendo opinião para pronta-entrega. Só vendo modelos exclusivos, sob medida. Os meus clientes não querem usar uma opinião que também possa ser usada por outras pessoas. Mas as suas opiniões para o homem do povo também devem andar de vento em popa, não é Shi Ka?

Shi Ka — É. Eu introduzi um sistema de pagamento a prazo. Sabe como foi que eu tive essa idéia? A mulher de um cliente meu queria a todo custo uma assadeira. Ele me consultou para eu lhe preparar um discurso com que ele pudesse dissuadir a mulher. Como a mulher tinha dito a ele que ia comprar a assadeira a prazo, ele me perguntou se não podia pagar a prazo o discurso contra a assadeira. Porque senão era mais fácil pagar a assadeira. Estamos passando por tempos difíceis. O que foi agora?
Entra um criado com uma tabuleta: "Por ordem da polícia, não se atenderá mais a fregueses maltrapilhos". Um mendigo se retira dignamente do estabelecimento. Um frêmito.

Shi ka — Também, com o preço das roupas!

Outro Tui — Daqui a pouco os pobres já não vão se permitir nenhuma opinião.

Vozes Abafadas — Viva Kai Ho! *Risos.*

Um Tui — Nada de política aqui, por favor.

Outro Tui — Então nada de falar no preço do chá aqui, por favor.

Tui — E você por acaso acredita que o senhor Kai Ho, um agitador, vai conseguir o que os maiores tuis não conseguiram, isto é, fazer da China um país habitável?

Outro Tui — Acredito.
Grandes gargalhadas.

Uma Cliente Opulenta — Quanto o senhor cobra por uma formulaçãozinha sobre uma pulada de cerca?

Mo Si — Até quatro ienes, mas só se não...
A mulher se senta perto de Mo Si. Entra Turandot com o Tui da Corte. Ela não é reconhecida.

Turandot — Então esta é uma das mais famosas casas de chá dos tuis!

Tui da Corte — Apenas das mais medíocres, Alteza Imperial. Os grandes tuis, os que tratam das leis, escrevem livros, educam a juventude, enfim, os que desde suas tribunas, púlpitos e cátedras conduzem a humanidade aos seus ideais, não freqüentam este lugar. No entanto, estes aqui, que são muito menos importantes, também se esforçam para prestar ajuda intelectual ao povo em todo tipo de negócio.

Turandot — Dizendo às pessoas o que elas devem fazer?

O Tui da Corte — Muito melhor, dizendo o que elas devem dizer. Faça uma experiência.
Turandot se senta ao lado de Nu Shan.

Turandot *lânguida* — Por que eu sou inocente?

Nu Shan — De quê? Ah, sim, claro. *Ri ruidosamente* — Dez ienes. *Recebe o dinheiro.* Exigirias de volta os teus dez ienes, bela dama, se eu confessasse que não sei por que és inocente, para que a todo momento possas dizer que és absolutamente inocente?

Turandot *lânguida* — Eu sou uma pecadora por natureza. Fi, explica pra ele o que é que me faz subir pelas paredes.

Tui da Corte — Aqui?

Turandot — E agora.

Tui da Corte — A personalidade em questão é do tipo que não consegue resistir a atributos intelectuais. Certas formulações elegantes a excitam.

Turandot — Fisicamente.

Tui da Corte — Novas posições...

Turandot — ...de idéias...

Tui da Corte — ... deixam esta mulher totalmente escravizada a um homem.

Turandot — Sexualmente. Conta do sangue.

Tui da Corte — O sangue dispara do seu coração quando ela vê uma cabeça erguida, um gesto cheio de significados, quando ouve uma redonda...

Turandot — ... frase.

Um Garçom *atravessa o salão anunciando* — Precisa-se: intelectuais com prática em comunicados ao público para lavar negócios sujos. *Baixo* — Vendas superfaturadas. Procurar o grande Bazar La Me. *Três Tuis saem rapidamente pela porta dos fundos.*

Um Tui *na mesa ao lado* — Aqui só existe um problema difícil de resolver: quem paga o chá?

Entra Gogher Gogh, acompanhado por um Guarda-Costas que fica perto da porta.

Turandot — Quem é esse bonitão?

Tui da Corte — Gogher Gogh, um famoso assaltante.

Nu Shan — Não diga isso alto, senhor. Ele gosta de dizer que é um tui. Só que já foi reprovado duas vezes no exame de admissão. Mas dizem que continua estudando.

Gogher Gogh *que se sentou do lado do tui das duas formulações menores por três ienes* — Aqui estão os três ienes. Preste atenção. Eu precisei de dinheiro para os meus estudos.

Wen — Você nunca vai passar nos exames.

Gogher Gogh — Dobre a língua. Aliás, eu já desisti da escola, não serve para nada. Daí, como eu estava dizendo, eu precisei de dinheiro para estudar.

Turandot — Por que ele quer deixar de ser assaltante para ser intelectual?

Nu Shan — Ele só virou assaltante para poder ser intelectual.

Turandot — Pois ele me agradou à primeira vista.

Gogher Gogh — Para prestar o meu primeiro exame eu tive que pegar dinheiro no caixa da empresa.

Wen *amuado* — Emprestado.

Gogher Gogh — Peguei emprestado. Mas, para o dinheiro do segundo exame, o único jeito foi levar a metralhadora e toda a munição da empresa para a casa de penhores.

Wen — Levou para limpar. Se quer mais alguma coisa, precisa pagar de novo.
Gogher Gogh mete as mãos nos bolsos procurando moedas.

Turandot — Quer dizer que é mais fácil viver como intelectual do que como assaltante?

Nu Shan — A diferença não é muito grande. Ele não vive diretamente da renda dos assaltos. Pelo menos desde que a inflação começou a apertar Gogher Gogh e o seu bando vivem da proteção que prestam aos comerciantes do subúrbio.

Turandot — Proteção contra o quê?

Nu Shan — Contra assaltos.

Turandot — Assaltos de quem?

Nu Shan — Do bando de Gogher Gogh. Entendeu? Se pagam os assaltantes, os assaltantes não assaltam.

Tui da Corte *cinicamente* — Igual ao governo. Se pagam o imposto, a polícia não assalta.

Turandot *apaixonadamente* — Fi! Em público não! Está todo mundo olhando.

Gogher Gogh — Três ienes. Não quero mais do que uma formulação. O que é que eu digo para o meu pessoal?

Nu Shan *apontando para o guarda-costas* — Gente como esse aí? Isso exige tempo para pensar.
Entra um camponês de barbas brancas, Sen, com um menino. O Tui Gu conduz os dois até a mesa de Nu Shan.

Gu *dirigindo-se a todos os presentes* — Um incidente inacreditável! Este homem vem da província de Setsuan. Está viajando há dois meses, com um carrinho de mão carregado de algodão. Hoje de manhã, no momento em que ia vender o algodão no mercado, ele foi confiscado.
Protestos gerais.

Wen — Logo aqui, onde o algodão é tão escasso que se tem de pagar cinqüenta ienes por um lenço para o pescoço.

Outro Tui — As tecelagens fecharam ontem. Falta de algodão. A Liga dos Camiseiros ameaça promover agitações se o governo não der informações sobre o paradeiro do algodão.

Wen — Pequim começa a andar maltrapilha.

Gu — Dá licença? *Senta-se perto do velho de barba branca, e o menino continua em pé atrás dele.* Que diabo o senhor veio fazer em Pequin?

Sen — Meu nome é Sen. Este é Eh Feh. Eu vim por causa dos estudos.

Gu — O jovem estuda?

Sen — Quem estuda sou eu. Ele ainda tem tempo. Primeiro precisa aprender o ofício de fazer sandálias. Mas eu sinto que já estou maduro, senhores. Há cinqüenta anos que eu sonho em pertencer à grande irmandade daqueles que se chamam tuis, de acordo com as iniciais de Telect-Ual-In. São seus elevados pensamentos que fazem tudo funcionar no Estado. Eles são os guias da humanidade.

Gu — Sei. E com o produto da venda do algodão, a sua intenção era...

Sen — Freqüentar uma escola tui.

Gu *ficando de pé* — Senhores! Acabo de saber que este venerável ancião, de quem os órgãos do Estado confiscaram o algodão, queria ingressar numa escola tui justamente com o dinheiro da venda deste algodão. Ele tem sede de estudo e o governo lhe rouba! Eu proponho que todos nós, aqui presentes, tomemos como nossa a causa do nosso futuro colega.

Nu Shan — Não adianta. Qualquer coisa que tenha a ver com algodão, quem decide é o Imperador.
Turandot se levanta a um sinal do Tui da Corte e sai com ele.

Um Tui — O Imperador, não! O irmão do Imperador!
Risos.

Nu Shan — Não se pode fazer nada pelos seus estudos, meu velho.

Um garçom, a quem o Tui da Corte sussurrou alguma coisa perto da porta de saída, aproxima-se da mesa de Sen e fala ao seu ouvido.

Gu — Senhores, aconteceu uma coisa extraordinária. Uma benfeitora que não quis se identificar acaba de fazer uma doação ao senhor Sen no valor equivalente ao que ele teria ganho com a venda do seu algodão. Devemos parabenizar o senhor Sen por esta inesperada possibilidade de ingressar na nossa grande irmandade.
Alguns tuis cercam Sen para cumprimentá-lo.

Gogher Gogh — Já pensou muito. O que é que eu digo na minha empresa?

Wen *devolvendo-lhe os segundos três ienes.* — Não sei.

3
a

NO PALÁCIO IMPERIAL

O Imperador enche o seu segundo cachimbo da manhã. Entram Turandot e o Tui da Corte.

Turandot *levanta o vestido e mostra ao pai a calcinha de algodão* — Que tal a calcinha? Algodão. O Fi diz que pinica. E pinica mesmo. Mas agora as calcinhas de algodão são de longe as mais raras, as mais caras e, claro, são populares. Por que você não diz nada? Quando é você que tem uma crise e eu fico calada, como daquela vez em que o imposto do sal caiu, você amarra uma tromba por três dias.

IMPERADOR — É, os preços do algodão tiveram uma bela subida. Pode escrever tudo o que você vai querer. Minha atual situação financeira me permite até que você escolha o seu marido ouvindo a voz do seu coração. Podemos dispensar, de vez, os mongóis. Nunca me passaria pela cabeça impingir a você um marido. Nunca. Bem, no máximo num caso de necessidade.

Ouve-se uma marcha ao longe.

TURANDOT — Se eu me casar, vai ser com um tui.

IMPERADOR — Você é uma depravada!

TURANDOT *divertida* — Você acha? Quando um tui diz uma coisa inteligente, eu fico que fico.

IMPERADOR — Não seja indecente, logo de manhã. Eu não vou tolerar que você se atire nos braços de um tui. Nunca.

TURANDOT — A vovó também é muito indecente quando eu converso com ela. O que ela conta sobre...

IMPERADOR — Eu também não vou tolerar que você fale assim da sua avó. A Imperatriz-Mãe é uma grande patriota, já está até nas antologias. E você é jovem demais pra pensar nestas coisas.

TURANDOT — Fi, eu sou jovem demais? "Ela pinica!"

IMPERADOR — Que música é essa?

TUI DA CORTE — Uma manifestação da Liga dos Camiseiros, Majestade.

TURANDOT — É por isto que eu estou tão elegante. Vou com Fi assistir à manifestação. Mas não há nenhuma pressa. Ela deve durar de oito a dez horas.

IMPERADOR — Como de oito a dez horas?

TURANDOT — Até todos passarem.

Entra o Primeiro-Ministro com um panfleto.

PRIMEIRO-MINISTRO — Digne-se Vossa Majestade a atentar para este panfleto que foi encontrado diante do Bazar La Me. O que ele diz é muito descortês. *Lê* — "Onde estará o algodão da China? Será que os filhos da China terão que ir nus ao enterro dos seus pais mortos de fome? O primeiro imperador Mandchu só possuía a quantidade de algodão necessária para fazer uma capa de soldado. Quanto algodão possui o último imperador?" O estilo desta literatice revela que foi escrita por Kai Ho.

IMPERADOR — Esse tui desgraçado!

TUI DA CORTE — De jeito nenhum! Mande nos chicotear à vontade mas não diga que esse sujeito imundo é um tui. Um agitador, um subversivo que está sempre metido com a pior escória da China. Não repara, mas eu tenho que... *Enxuga o suor frio do rosto.*

IMPERADOR *que durante as falas seguintes ficará escutando a música distante* — Esse sujeito não pode ser levado a sério.

PRIMEIRO-MINISTRO — Esse sujeito conseguiu sublevar vinte milhões de camponeses na província de Ho. Digne-se Vossa Majestade a levá-lo à sério.

TURANDOT — E que história de capa de soldado é essa?

TUI DA CORTE — É que a capa de soldado do primeiro Imperador Manchu era feita de algodão. Era um camponês. A capa está pendurada no velho templo Manchu. Diz a lenda que enquanto a capa estiver presa nessa corda, o povo estará preso ao seu Imperador. Uma superstição que o senhor Kai Ho, que estudou em Cantão, não tem vergonha de explorar.

PRIMEIRO-MINISTRO — E que é compartilhada por milhões.

TURANDOT *cantando* —

Por mais grossa que ela seja
Um dia a corda arrebenta
Mas é preciso saber
Até quando ela agüenta.

IMPERADOR — Isso é o fim! E quais são as conseqüências dessa revelação?

PRIMEIRO-MINISTRO — Um novo escândalo! A Liga dos Camiseiros, que tem dois milhões de filiados, vai aliar-se à Liga dos Sem-Roupa, que tem quatorze milhões de filiados. Pois os camiseiros não têm mais algodão para continuar fazendo camisas e agora já nem sequer têm mais camisas para vestir. Então, ao grito de "O Imperador tem algodão", todo o povo vai se unir a Kai Ho.

JAU JEL *que entra e, portanto, não está sabendo de nada* — Bom dia. Que tal o cachimbo matinal?

IMPERADOR — Péssimo! Onde está o algodão?

JAU JEL — O algodão?

IMPERADOR *esfregando o panfleto no nariz dele* — Estou sendo difamado e caluniando neste papel. E ninguém faz nada? Eu renuncio. Se isso tudo não for esclarecido imediatamente, se não se chegar logo a uma explicação, eu renuncio de uma vez por todas.

PRIMEIRO-MINISTRO — Kai Ho descobriu tudo.

IMPERADOR — Desatenção! Displicência! Estupidez!

JAU JEL — Senhores, por favor deixem-me a sós com meu irmão.

IMPERADOR *enquanto todos, menos Turandot, saem* — Eu exijo que os culpados sejam punidos com todo rigor! Eu repito: com todo rigor.

TURANDOT — Isso mesmo, papai!

Jau Jel — Pode parar de esbravejar. Já saiu todo mundo.

Turandot *escrevendo compulsivamente* — Isso mesmo, papai! Agora você já pode ser civilizado.

Imperador — Onde está o algodão?

Jau Jel — Tudo bem que você grite e esperneie na frente dos outros, mas agora basta.

Imperador *ainda em voz alta* — Onde está o algodão?

Turandot — É mesmo. Onde é que ele está?

Jau Jel — Você sabe muito bem. Nos seus armazéns.

Imperador — O quê? Como você se atreve a dizer uma coisa dessas? Eu mando te prender.

Turandot — Isso, prende, prende! Por favor!

Jau Jel — Você concordou, não concordou?

Imperador — Será que eu vou ter de chamar os guardas?

Jau Jel — Se é assim, vamos botar o algodão no mercado. *Pausa.*

Imperador — Se é assim, eu renuncio.

Jau Jel — Pois renuncie, e será enforcado. *Pausa.*

Jau Jel — Convoque uma assembléia de tuis. Eles sabem lavar roupa suja. Prometa a eles qualquer coisa que não custe nada ao seu bolso se eles conseguirem limpar o seu nome. Afinal, para que você tem essas duzentas mil lavadeiras? Para que você gasta tanto apoiando quinze mil escolas?

Turandot — Um concurso de tuis! Ai, tem todo o meu apoio!

Imperador — Os tuis! Ninguém os estima mais do que eu. Eles fazem o que podem, mas não podem tudo. O que eles poderiam dizer? A Liga dos Camiseiros já sabe tudo.

Primeiro-Ministro *entrando* — Majestade. O delegado da Liga dos Camiseiros. E, infelizmente, também o delegado da Liga dos Sem-Roupa.

Imperador — Como? Eles já estão vindo juntos? Então a assembléia dos tuis não adianta mais nada.

Turandot — Bem feito!

Jau Jel — Você vai ter que devolver o algodão.

Turandot *que continua escrevendo* — Bem feito, quem manda não ser um intelectual.
Entram o delegado dos Camiseiros e o delegado dos Sem-Roupa, seguidos por dois tuis.

Imperador *resmungando* — O que foi?

Primeiro Tui Aliado *antes que um outro delegado possa falar* — Majestade. Segundo o clássico Ka Me, não há nada que possa deter a força do povo quando o povo está unido. Majestade, a questão do paradeiro do algodão é uma questão que pode levar a Liga dos Camiseiros, que eu represento, e a Liga dos Sem-Roupa, representada aqui pelo meu ilustre colega, a fazerem uma aliança.

Segundo Tui Aliado — Mas não como você quer, de cima pra baixo, e sim de baixo pra cima.

Primeiro Tui Aliado — Tudo bem, de baixo pra cima. A liderança de baixo é a gente mesmo que escolhe... *O Segundo Tui Aliado ri.* Só em plena liberdade é que se pode conquistar a liberdade. *Tira um livro da pasta. Turandot aplaude.* Ka Me.

Segundo Tui Aliado — Deixe de citações! Onde já se ouviu falar num exército em plena liberdade que tenha vencido uma batalha? *Turandot aplaude.* Desde quando disciplina é falta de liberdade? *Tira por sua vez um livro da pasta.* O que diz Ka Me?

PRIMEIRO TUI ALIADO —Batalhas! Ou seja, violência! Quem fala por sua boca é o seu Kai Ho.

SEGUNDO TUI ALIADO — E pela sua os honorários pagos pelo traidor que é o Führer dessa liga de fazedores de pactos...

PRIMEIRO TUI ALIADO — Você está insinuando que eu sou um vendido?

SEGUNDO TUI ALIADO —... e de traidores.
O Delegado dos Camiseiros, que veio acompanhado pelo Primeiro Tui Aliado, dá um tapa no Segundo Tui Aliado. Este responde com um golpe do livro de Ka Me no Primeiro Tui Aliado, que é respondido por este com outro golpe de Ka Me. Solicitado, o Delegado dos Sem-Roupa dá um tapa no outro delegado e o tumulto é generalizado.

TURANDOT *ofegante* — Chuta ele! Esfola! Agora acerta no queixo!

IMPERADOR — Chega! — *Cessa a luta, embora o Primeiro Tui Aliado permaneça estirado no chão* — Agradeço as vossas iluminadas considerações e concordo com os argumentos empregados, especialmente os últimos. Também não sou insensível a esta música que está tocando diante do meu palácio. Trata, pelo visto, de uma certa falta de algodão. Como vocês, apesar de todos os esforços, não chegaram a um acordo, eu faço uma proposta. *Entra a Mãe do Imperador com uma bandeja de docinhos que oferece ao filho e que ele recusa enquanto continua a falar.* Proponho que a questão "onde está o algodão?" seja resolvida e esclarecida pelos homens mais sábios e instruídos do reino. Portanto, eu convoco um congresso extraordinário de tuis, que poderá dar ao povo uma explicação satisfatória sobre o paradeiro do algodão da China. Ora, mamãe, pare com isso! Um bom dia para todos.
A delegação, com exceção do Tui que está desacordado, inclina-se intrigada e retira-se arrastando-o.

IMPERADOR — Será que eu fui longe demais?

PRIMEIRO-MINISTRO — Vossa Majestade esteve admirabilíssimo!

IMPERADOR — Acho que um congresso de tuis basta para essa boa gente. Eles nunca estão de acordo entre eles mesmos.

TURANDOT — Eu não sei o que esta gente quer de você desta vez. Em todo o caso, o algodão que eu tenho é tão pouquinho. *O Imperador proíbe-a de mostrar a calcinha.*

PRIMEIRO-MINISTRO — Vossa Majestade, já pensou na recompensa para o tui que conseguir explicar ao povo onde está o algodão?

IMPERADOR — Ainda não. A minha situação financeira ainda não está de todo garantida. Chega, mamãe, você sabe que eu não como doce quando fumo.

PRIMEIRO-MINISTRO — Majestade, para responder a esta pergunta, livrando a cara de Vossa Majestade, só a mente mais sábia de toda a China. O que Vossa Majestade vai prometer como recompensa?

TURANDOT *uivando alegremente* — Uuuuuuhhh! Eu!

IMPERADOR — O que é que você quer dizer com "eu"? Tá pensando que eu vou rifar o meu próprio sangue, a minha própria carne?

TURANDOT — E por que não? Vocês encontram a mente mais sábia e eu me caso com o dono dela.

IMPERADOR — Jamais! *Escutando* — Mas como é comprida essa passeata!

b

NO VELHO TEMPLO MANCHU

Pendurada do teto de uma torre circular em ruínas, por uma corda grossa, uma velha capa remendada. Diante dela, está a família imperial, o Primeiro-Ministro, o Ministro da Guerra e diversos tuis.

IMPERADOR — Minha querida Turandot, esta é a venerável capa usada pelo seu venerável ancestral no campo de batalha. Como o venerável ancestral não tinha muitos recursos, ele remendava a capa toda vez que ela era perfurada por uma bala, como você pode ver. Na cerimônia de coroação, todo imperador deve usar esta capa, pois é dela que trata a conhecida profecia. Na minha opinião, a confiança do povo em seu imperador é indispensável. Basta o povo pensar nos soldados. E eu ouvi dizer que os soldados são parentes de todos os outros súditos. Por isso, para aquele dentre os meus amados tuis que souber manter a confiança do povo nos cuidados paternais do seu imperador, eu decidi dar a mão da minha única filha. — *Ahs e ohs de admirada aprovação. Turandot inclina-se* — E como para mim o respeito pelos antigos costumes é decisivo, mesmo materialmente, como eu gostaria de ressaltar, eu ordeno que meu futuro genro coloque esta velha capa sobre o seu corpo, antes da celebração das bodas. Aqui termina o ato oficial.

4

a

ESCOLA TUI

Enquanto se processa a mudança de cenário, ouve-se por um alto-falante: "Comunicado especial: o Imperador promete a mão de sua filha Turandot ao tui que explicar ao povo onde foi parar o algodão". A escola está em grande atividade. Todos caminham confusa-

mente. Uns escrivãos trazem uma inscrição: "O futuro genro do Imperador é um tui". Um professor, com chapéu de tui, dá uma aula.

Professor — Si Fu, enumere as principais questões da Filosofia.

Si Fu — As coisas existem fora de nós, por elas e mesmo sem nós, ou as coisas existem dentro de nós, por nós, e nunca sem nós.

Professor — Qual é a opinião certa?

Si Fu — Ainda não se chegou a nenhuma conclusão.

Professor — Em que direção se inclina a opinião da maioria dos nossos filósofos?

Si Fu — As coisas existem fora de nós, por si e mesmo sem nós.

Professor — Por que esta questão ficou sem resposta?

Si Fu — O congresso que deveria decidir realizou-se, como acontece há duzentos anos, no mosteiro de Mi Sang, situado às margens do Rio Amarelo. A questão era: "o Rio Amarelo existe realmente, ou ele só existe na nossa cabeça?" Infelizmente, enquanto se realizava o congresso houve um grande degelo nas montanhas e o Rio Amarelo transbordou, carregando com ele o mosteiro de Mi Sang e todos os congressistas. E assim a noção de que as coisas existem fora de nós, por elas e mesmo sem nós, não chegou a ser demonstrada.

Professor — Muito bem, por hoje é tudo. Qual é o acontecimento mais importante do dia?

A Classe — O Congresso dos Tuis.
O professor sai com os alunos. Entra o tui Gu e o velho Sen, conduzido pelo garoto.

Sen — Mas o Rio Amarelo existe de fato.

Gu — Dizer é fácil, quero ver você provar.

Sen — Eu vou aprender aqui a provar uma coisa dessas?

Gu — Depende de você. Aliás ainda não lhe perguntei por que você quer estudar.

Sen — Pensar dá muito prazer. E temos que aprender a ter prazer. Mas talvez eu devesse dizer: estudar é muito útil.

Gu — Hum! Bem! Antes de se inscrever e pagar a matrícula dê uma olhada por aí. Olhe, está aqui um aprendendo a discursar.
Shi Meh, um jovem, entra com Nu Shan, que é professor, e sobe num pequeno púlpito. Nu Shan, junto à parede, manipula um mecanismo de corda, através do qual uma cesta de pães pode ser suspensa ou descida, diante dos olhos do orador.

Nu Shan — O tema é este: "Por que Kai Ho não tem razão?" Toda vez que eu levantar a cesta é porque você está dizendo uma coisa errada. Pode ir.

Shi Meh — Kai Ho está errado porque ele não divide os homens em mais ou menos sábios e sim em ricos e pobres. Foi expulso da Associação dos Tuis porque incitou os barqueiros, os colonos e os tecelões a se rebelarem contra a violência que — *a cesta levanta* — aparentemente — *a cesta oscila* — é praticada contra eles. Isto é, ele incita claramente o emprego da violência — *a cesta desce* — Kai Ho fala de liberdade, — *a cesta oscila* — mas na verdade o que ele quer é fazer do barqueiro, do colono e do tecelão seus escravos — *a cesta desce* — Dizem que o barqueiro, o colono e o tecelão não ganham o suficiente para manter suas famílias — *a cesta levanta* —, para viver com suas famílias no luxo e no supérfluo — *a cesta permanece parada* — e que eles têm que trabalhar duro — *a cesta volta a subir* — pois querem passar a vida no ócio — *a cesta pára* — o que é natural — *a cesta oscila*. Este descontentamento de muita gente — *a cesta sobe* — de certa gente — *a cesta pára* — é explorado por Kai Ho, que é, portanto, um oportunista — *a cesta desce rapida-*

mente. — O senhor Kai Ho vai distribuir terras para os camponeses pobres de Ho Nang. Mas como para isso ele precisa primeiro roubar as terras, ele não passa de um ladrão. De acordo com a filosofia de Kai Ho — *a cesta volta a oscilar* — o sentido da vida consiste em ser feliz, comer e beber como o próprio Imperador — *a cesta dispara para cima* — mas isto só mostra que Kai Ho não é nenhum filósofo, mas sim um grandissíssimo charlatão — *a cesta desce* —, um agitador, um demagogo, um carreirista safado, um jogador sem escrúpulos, um comedor de criancinhas, um arruaceiro, um ateu, um corrupto, em suma, um criminoso. *A cesta balança na frente da boca do orador* — Um tirano!

Nu Shan — Como vê, você ainda comete alguns erros, mas tem tutano. Agora vá tomar um banho e fazer uma massagem.

Shi Meh — Senhor Nu Shan, o senhor acha que eu tenho chances? Eu não fui muito bem em Dissimulação I e fiquei em décimo sétimo em Bajulação Artística. *Sai.*

Gu — Nu Shan. Aluno novo! *Nu Shan vem correndo* — A propósito, o que o senhor diz de Kai Ho?

Sen — Na zona algodoeira tudo o que se sabe dele é pela boca dos proprietários. Kai Ho é um homem mau, contra a liberdade.

Nu Shan — O senhor gosta do que ensinamos aqui?

Sen — Foi um bom discurso. Cheio de coisas novas. É verdade que Kai Ho vai distribuir terras?

Nu Shan — É. Primeiro roubar e depois, dizem, distribuir. Então posso matricular o senhor na escola?

Sen — Claro, daqui a pouco. Eu gostaria de escutar um pouco mais. Posso escutar sem pagar, por enquanto?

Entra Gogher Gogh com sua mãe, o tui Wen e três do seu bando.

Ma Gogh — Meu filho quer prestar exame.

Escrevente — Ah, você aqui de novo? É a terceira vez, não é? Hoje acho que não vamos ter tempo. Como agora o genro do Imperador vai ser um tui, recebemos centenas de novas inscrições. Por que você faz tanta questão de ser um tui?

Gogher Gogh — Por causa da minha vocação e também por minha formação, eu me sinto chamado para o serviço público.

O Escrevente observa-o compadecido e retira-se rapidamente após uma profunda reverência a Ma Gogh.

Primeiro Assaltante — Entenda. Você tem que devolver a munição. A inflação agora vai cair e, portanto, a recessão vai acabar. É preciso que cada nova loja seja assaltada imediatamente para eles irem se acostumando logo a pagar a proteção contra assaltos.

Gogher Gogh — Eu não quero tiroteios. Tenho outros planos.

Segundo Assaltante — Ótimo! E quais são?
Gogher Gogh se cala, zangado.
Ma Gogh — Vocês sabem que podem confiar no meu filho.

O Primeiro Assaltante *incerto* — Certo.

Ma Gogh *apontando para a inscrição "Saber é Poder"* — Krukher, um homem instruído tem agora mais possibilidades do que nunca. Eu acredito em Gogher.
Entra o grande tui Hi Wei, com seus escreventes. Senta-se.

Sen — Quem é esse?

Gu — Esse é Hi Wei, reitor da Universidade Imperial. É ele quem vai presidir o exame.

Wen *sobe à mesa de exame, e fala com a voz abafada* — Meu candidato está se apresentando pela terceira vez. Nos outros dois exames perguntaram a ele quanto é três vezes cinco. Infelizmente, das duas vezes ele respondeu: vinte e cinco. Tudo isso porque ele tem um caráter muito obstinado. Como, por outro lado, ele é um homem de negócios irrepreensível e um bom cidadão, além de estar sedento de saber, peço ao senhor reitor que repita mais uma vez a pergunta "quanto é três vezes cinco". Depois de intensivos estudos, meu candidato já domina a questão e assimilou a resposta correta, quinze. *Entrega um saco com dinheiro.*

Hi Wei *rindo* — Vou falar com meus colegas.

Primeiro Assaltante — Que reposta você está dando para ser sempre reprovado?

Gogher Gogh — Vinte e cinco. Não estava certo. A resposta à pergunta "quanto é três vezes cinco", como eu acabo de me inteirar, é quinze.

Primeiro Assaltante — Mas é absolutamente certo. Basta a pergunta ser "quanto é cinco vezes cinco". Será melhor que agora eles façam a gentileza de fazer a pergunta corretamente — *Saca uma pistola do coldre e vai até a banca examinadora, mostrando-a a Hi Wei. Volta, depois de trocar algumas palavras* — Fica firme nos vinte e cinco. Está tudo arranjado.

Wen *dirigindo-se a Nu Shan* — Eu quintupliquei a propina.

Um Escrevente *chamando* — Senhor Gogher Gogh!
Gogher Gogh se aproxima.

Hi Wei *com um sorriso amarelo, olhando para o Primeiro Assaltante* — Quanto é cinco vezes cinco, senhor candidato?

Gogher Gogh — Quinze.
Hi Wei levanta os braços, dando de ombros, e sai depressa.

Primeiro Assaltante — Mas estava tudo tão bem arranjado!

Gogh — Claro, sempre propõem novas perguntas... É incrível

como aqui se brinca com o dinheiro suado das pessoas. *Alto*. Eu exijo que, em virtude da minha resposta muito bem pensada, eu seja admitido imediatamente como membro do Sindicato dos Tuis. Os examinadores, como ficou demonstrado, não entenderam a pergunta correta para a minha resposta. São portanto uns incapazes. Pensando bem, eu devo reconsiderar se desejo mesmo pertencer a essa associação. Como todo mundo sabe, trata-se de manipuladores de opinião muito perigosos. São capazes de vender a mãe, se ela ficar sobrando numa frase. Vocês vão ficar sabendo quem sou eu!

Ma Gogh — Vamos, filho. Aqui estão te roubando.
Sai com Gogher Gogh, Wen e os assaltantes.

Sen — Vem, Eh Feh. Quero perguntar uma coisa a ele.

Gu — Não quer se matricular agora?

Sen — Acho que já aprendi quase tudo o que há para ser aprendido aqui. Estou pensando nesse Kai Ho, nesse agitador, demagogo, comedor de criancinhas, que quer distribuir terras, Eh Feh. *Sai com o garoto.*

b

RUA

Tuis passam. Sen e Eh Feh. O tui maltrapilho que havia sido expulso da Casa de Chá fala com Sen.

Tui — Deseja uma opinião sobre a situação política, venerável ancião?

Sen — Eu não preciso de opinião nenhuma. Com licença.

Tui — Custa só três ienes e é feita em pé, senhor.

Sen — Você não tem vergonha. Na frente do menino.

Tui — Não seja tão sensível. Querer uma opinião é uma necessidade natural.

Sen — Se você não for embora, eu chamo a polícia. Não tem vergonha? O que você quer fazer com o pensamento? O pensamento é a coisa mais nobre que o homem tem e você quer fazer com ele um negócio sujo. *Enxota-o.*

Tui — Seu porco imundo!

Eh Feh — Deixa ele, vovô, deve ser muito pobre.

Sen — Isso desculpa quase tudo, mas não isso.

5

a

CASA DE UM GRANDE TUI

Munka Du, que está sendo maquiado por um Barbeiro, e sua Mãe.

Mãe de Munka Du — Será que vão acreditar em você? Todo mundo sabe onde o algodão está realmente. Minhas quatro criadas falam abertamente sobre isso.

Munka du — Vão acreditar, se quiserem. Assim como a piscina está para aqueles que querem nadar, um esclarecimento está para os que querem acreditar. Mimimimimimi. Deve ser possível nadar, deve ser possível acreditar.

Mãe — Então você não vê nenhuma dificuldade nessa formulação?

Munka du — Uma enorme dificuldade. Exige um mestre. É preciso ser um mestre para provar que dois mais dois é igual a cinco.

Mãe — Sua família espera que você não a cubra de vergonha.

Munka Du — Esta observação me desagrada. Todos sabem muito

bem que aquele que não souber apresentar uma formulação satisfatória vai ter a cabeça cortada. Mimimimimi.

MÃE — Só as más cabeças serão cortadas. *Levanta-se bruscamente. A Mãe toca uma sineta. Entram as Duas Irmãs de Munka Du. Um Secretário vem atrás delas.*

MUNKA DU — Conseguiu a citação?

Secretário — Tenho duas aqui, a escolher. *Entrega duas folhas. Munka Du escolhe uma de olhos fechados.*

MUNKA DU — Quanto?

SECRETÁRIO — Dois mil.

MUNKA DU — É uma pouca vergonha.

SECRETÁRIO — As citações são quase desconhecidas.

MUNKA DU — Não sei se isso é bom. *Volta-se para a família —* Minhas costas estão sem pregas?

MÃE — Estão. Despeça-se da sua família.

Munka Du — Mimimimimimi. Minhas queridas, em agonia e desespero ... Espera. Onde está o desenhista que irá fixar para a posteridade o momento da minha partida para o concurso? *A Mãe toca a sineta. Entra o Retratista. Começa a rabiscar rapidamente* — Em agonia e desespero, o país volta os olhos para os seus intelectuais. O que eles dirão? Mimimimimi. Porque é o espírito quem decide os destinos do povo, não a força. Oh, eu sinto a responsabilidade que recai sobre meus ombros. Os altos escalões do poder vão ter muita coisa para escutar de mim, ah vão! Talvez me insultem...

RETRATISTA — Por favor. Mantenha esta pose.

MUNKA DU *depois de ter ficado na pose, imóvel, alguns instantes —* ...

mas não irão me demover da minha opinião. Mimimimimi. Talvez eu não volte mais para vós. Mas nos anais da história perdurará para sempre o meu denodado esforço para ajudar meu país nesta grave crise através mimimimimi... através da minha palavra clara e inequívoca. *Sai pomposamente.*

b

NO PALÁCIO DA ASSOCIAÇÃO DOS TUIS

Salão.
Primeiro dia da grande conferência dos tuis. O ancião de barbas brancas, Sen, é apresentado à família imperial e ao congresso pelo seu presidente, o reitor Hi Wei.

HI WEI — Tenho a honra e a satisfação de apresentar à augusta família imperial e ao ilustre congresso um visitante, cuja presença nos parece simbólica. Este pacato cidadão — *aplausos* — um simples camponês — *aplausos* — veio da zona algodoeira com seu carrinho de mão carregado de algodão até aqui a capital, onde há falta de algodão. Com o produto da venda, e eis o mais comovente, belo exemplar de tudo isso, com o produto da venda do seu algodão, Sen, o homem que veio do norte, pretendia estudar o tuísmo — *aplausos* — Seu desejo mais íntimo era poder ver todos os grandes tuis que iluminam a humanidade. *Aplausos.*

Vestíbulo.
Diante do Primeiro-Ministro, discutem os grandes tuis Ki Leh e Munka Du. Por um enorme tubo de madeira soa um aviso: "Atenção! O congresso vai começar."

KI LEH — Me disseram que eu sou o primeiro a falar. Sei que o mais difícil é botar a roda em movimento. Mesmo assim, concordei em ser o primeiro.

MUNKA DU — Tudo o que eu tenho a dizer é que também estou pronto.

Ki Leh — Eu não vou arrancar meus cabelos por isso.

Munka Du — E é claro que eu também não quero passar na sua frente.

Ki Leh — Mas, se é o que querem de mim, eu faço.

Munka Du — Eu estou sempre pronto a enfrentar o desafio.

Ki Leh — Ninguém o está desafiando.

Munka Du — Quem está querendo alguma coisa de você?

Ki Leh — Seus métodos são conhecidos.

Munka Du — Seus truques estão na boca do povo.

Ki Leh — Não está à altura da minha dignidade discutir com o senhor. Eu não vou falar por gosto. Eu vou... *Afasta-se, Munka Du tenta impedi-lo, mas ele entra.*

Primeiro-Ministro — Venha, vou apresentá-lo ao Imperador. *Os dois saem. Tumulto na entrada. Gogher Gogh tenta entrar com dois guarda-costas.*

Gogher Gogh — Eu também exijo uma oportunidade. Estão excluindo o homem do povo. *É empurrado para fora.*
Salão.

Hi Wei — Majestade, meus senhores! É com imensa alegria no meu coração que apresento o primeiro orador da noite, aquele que quando foi reitor da Universidade Imperial foi amadíssimo por toda a irmandade, o senhor Ki Leh.

Os tuis *cantam o hino tui* —
    Avante pensamento!
    Saber é poder!
    Sois os comandantes
    Os que sabem tudo.
    Os que tratam de tudo.

Os que se metem em tudo.
Vós sois a defesa
Da nossa fortaleza!

Ki Leh — Augusta família imperial! Ilustre congresso! O algodão, "Lana arboris", é extraído das bombacáceas, as árvores da lã, plantas de folhas digitiformes e inflorescências caulículas e ramifloras. Trata-se de substância felpuda e fibrosa, que fiada e tecida serve como gênero para a confecção de roupas, destinadas principalmente aos extratos mais baixos da população. Insigne assembléia! A falta deste material, da "Lana arboris", em nossos mercados, e conseqüentemente a falta do tecidos de algodão, é o motivo pelo qual estamos aqui reunidos. Pois bem. Consideremos, em primeiro lugar, o povo. Sejamos ousados, sem temores ou preconceitos. Alguns cientistas têm sido censurados por terem estabelecidos certas diferenças, ou melhor, por terem acreditado que deveriam apontar certas desigualdades no povo, sim, vamos chamar assim, desigualdades, diferenças de interesses etc. etc. Pois bem. Devo confessar que eu, indiferente às censuras que possam me fazer, compartilho dessa mesma opinião. Ora, vamos. Um bosque não é simplesmente um bosque, pois se constitui de diferentes árvores. Do mesmo modo, o povo não é simplesmente o povo. E de que se constitui o povo? Muito bem. No povo há os funcionários, os copeiros, os proprietários rurais, os funileiros, os comerciantes de algodão, os médicos e os padeiros. Há também os oficiais, os músicos, os marceneiros, os vinhateiros, os advogados, os pastores de ovelhas, os poetas e os ferreiros. Sem esquecer os pescadores, as domésticas, os matemáticos, os pintores, os açougueiros, os farmacêuticos, os químicos, os guardas noturnos, os luveiros, os sapateiros, os professores de idiomas, os agentes de polícia, os jardineiros, os jornalistas, os portuários, os cesteiros, os garçons, os astrônomos, os peleteiros, os quitandeiros, os vendedores de gelo, os jornaleiros, os pianistas, os flautistas, os percussionistas, os violinistas, os acordeonistas, os tocadores de cítaras, os violoncelistas, os violeiros, os trompetistas, os tocadores de instrumentos de madeira, os comerciantes de madeira e os peritos em madeira. E quem já não ouviu falar nos vendedores de tabacaria, nos metalúrgicos, nos lenhadores, nos trabalhadores do campo, nos tecelões, nos pedreiros, nos arquitetos e nos marinheiros? Outros ofícios são os de fiandeiros, telhadores, atores, jogadores de futebol, escafandristas, garimpeiros, escultores, amoladores, cabeleireiros de cachorros, hoteleiros, carrascos, escrivãos, carteiros, banqueiros, carroceiros, parteiras, alfaiates, mineiros, criados, desportistas e pilotos. *Inquietação na assembléia* — Pois bem. Talvez eu tenha sido muito minucioso, detalhista, até exageradamente científico. Por quê? Para mostrar que toda essa gente tão variada, ou, para dizer com mais cautela, que uma parcela esmagadora dessa gente, a parcela mais carente de recursos, coincide unanimemente em uma coisa, em que...

UMA VOZ — ... carece de recursos.

KI LEH — Não, em que eles precisam de algodão barato. Eles clamam por algodão! Pois bem. Todos nós sabemos, meus amigos, que é o Imperador quem dispõe do algodão. *Um rumor percorre a assembléia.* Digo dispõe não no sentido de possuir, mas no sentido, mas no sentido de controlar, de que ele decide, de que é ele quem pode dispor... E quem, senão o Imperador, poderia dispor do algodão de modo mais generoso, mais altruísta e paternal? Mas não há algodão... Muito bem. Se tantos têm tanta necessidade dele, não deveria haver algodão? Ilustríssima assembléia, deixem-me responder, mesmo correndo o risco de ser impopular: não! A natureza caros amigos, é uma deusa indomável. Nós, intelectuais, em geral nos recusamos a formular argumentos simplistas, pois soam rasos, superficiais. Muito bem. Eu não vou me recusar. Onde foi parar o algodão? Eis aqui a minha resposta irrebatível: foi uma safra ruim! Sol de mais, sol de menos. Chuva de mais, chuva de menos. Só se tem que chegar a uma conclusão sobre qual dessas causas foi. Em suma, não há algodão simplesmente porque o algodão não vingou.

Desce dignamente do púlpito. Silêncio. A família imperial deixa o salão.

Hi Wei — Agradeço ao senhor Ki Leh. A comissão julgadora comunicará sua decisão.
Camarins.
O Imperador, a Mãe do Imperador, Turandot e o Primeiro-Ministro. Munka Du aguarda.

Imperador — Falou com os representantes das ligas?

Primeiro-Ministro — Algumas palavras, Majestade.
O Imperador lança um olhar de interrogação. O Primeiro-Ministro sacode a cabeça.

Imperador — O homem facilitou. Com essas mentiras estúpidas não se consegue nada. Pelo contrário, chama a atenção das pessoas para o fato de que alguma coisa não vai bem, ao que parece. Cinco minutos antes um camponês é cumprimentado por ter trazido algodão à capital. Que falta de senso da realidade!
Trava-se um bate-boca à entrada. Gogher Gogh tenta entrar com Dois Guarda-Costas.

Gogher Gogh — Eu vou guardar bem o rosto de vocês. Eu tenho um comunicado importantíssimo a fazer.
É empurrado para fora.

Turandot — Inteligência me enlouquece, mas isso...!

Imperador — E o atrevimento! "Eu, indiferente às censuras que podem me fazer"... e "uma parcela esmagadora, a parcela mais carente de recursos"... Desapareça com esse sujeito!

Primeiro-Ministro — Não vai mais nos aborrecer.

Turandot — Vovó, eu não quero! *Atira-se nos braços da Mãe do Imperador.* Não quero ser empurrada para os braços de qualquer um. Pelo menos desse aí! *Dá um chute no Primeiro-Ministro.* Ele deixou o sujeito falar! A casa de chá em peso está rindo da minha cara. Cortem a cabeça dele!

A sua também!/ *Soluça.* Ninguém se importa comigo! Cortem a cabeça! Cortem a cabeça! *Esconde a cabeça no peito da Mãe do Imperador.*

PRIMEIRO-MINISTRO *depois de uma pequena pausa* — Posso apresentar a Sua Alteza Imperial o orador do quinto dia, o senhor Munka Ku?
Turandot lança-lhe um olhar.
Vestíbulo.
Sen, o rapaz Eh Feh e o tui Gu.

SEN — O homem enlouqueceu. Este ano deu mais algodão do que nunca. Como é que eu posso me encontrar com ele? Quero dizer isso a ele.
Ki Leh é levado embora por policiais.

SEN — O que há com eles? Por que os policiais vão junto? Não posso falar com ele?

GU *segurando-o* — É melhor não ser visto com ele. Pode ser ruim pra você.

SEN — Você quer dizer que ele está preso? Só porque não sabe a verdade?

GU — Ele sabe.

SEN — Então foi preso porque mentiu?

GU — Porque mentiu, não. Porque mentiu mal. Você ainda tem muito que aprender, meu velho.
Camarins.
O Primeiro-Ministro apresenta Turandot ao reitor Hi Wei que está acompanhado por seu secretário Nu Shan. Com Turandot, Munka Du. Do salão, ouve-se o hino tui.

HI WEI — Permite-me oferecer a Vossa Alteza Imperial este vestido, que eu mesmo desenhei?
Nu Shan retira de uma caixa de papelão um traje de papel estampado com versos.

Primeiro-Ministro —Em virtude da insatisfatória evolução do concurso e para conter a incontrolável afluência de candidatos, o senhor Hi Wei, presidente da Associação dos Tuis, tomará ele próprio a palavra ainda hoje, neste terceiro dia do congresso.

Turandot— Oh! Que genial! Papel!

Hi Wei — O mais nobre dos materiais.

Turandot — Material nobre mesmo é o que eu trago escondido. *Chama as criadas.* Vou usar hoje mesmo.
Um biombo é trazido e ela troca de roupa.

Primeiro-Ministro *para Hi Wei* — Venha.
Pelo tubo, ouve-se um comunicado: "Aviso: acaba de partir, do mosteiro de Tashi Lumpo, em Shigatse, o geógrafo Pauder Mil para tomar parte no congresso!" Aplausos.
Salão.

Jau Jel — Como foi ontem?

Imperador— Fraco. Um teólogo. Tudo o que tinha para dizer era: "quanto menos roupa, mais saúde". O sol... E onde você estava?

Jau Jel — No campo. Estava tentando incendiar alguns fardos.

Imperador — Para quê? Isso eu não permito. O que é que eu estou fazendo sentado aqui?

Jau Jel — E de que outro modo você quer que os preços subam?

Imperador — Mas não com queimas. De que me adianta um preço mais alto se depois eu não tiver mais nada para vender a esse preço?

Jau Jel — Primeiro estude economia, se quiser discutir comigo. Vamos supor que nós temos cinco milhões de fardos...

Jau Jel continua a explicar em voz baixa ao Imperador durante o discurso seguinte de Hi Wei, que acaba de entrar no salão.

Hi Wei — Majestades Imperiais, meus senhores! No início desse congresso foi colocado aqui, por uma voz indigna, que neste ano a China não teria produzido nenhum algodão. Isto é uma afronta ao povo chinês. Posso afirmar-lhes que nada menos que um milhão e meio de fardos de algodão foram produzidos. E de que modo! De que modo nosso povo, o povo mais trabalhador do mundo, produziu este algodão? Nós sabemos quanto suor é derramado sobre o solo chinês como prova da inquebrável diligência dos colonos das grandes propriedades feudais e dos grandes mosteiros. Além disso, somam-se também os milhões de pequenos camponeses que trabalham com as próprias mãos áreas incrivelmente minúsculas de terra, consumindo a carne dos dedos, até os ossos. Glória a eles, glória aos pequenos camponeses! Os heróicos produtores da roupa dos pequenos. *Aplausos.*

Jau Jel — Presta atenção, no caso de me acontecer alguma coisa. Você não tem o menor talento para os negócios. A metade tem que desaparecer para que a gente tenha condições de começar com a venda. Mas eu não posso mandar queimar. Sabe por quê? Por causa do fedor.

Imperador — Algodão não fede. O que fede é lã.

Jau Jel — Mas solta muita fumaça.

Hi Wei — E agora os senhores me perguntarão, os senhores e todo o povo: onde ele está? Onde está o algodão? E eu lhes direi: desapareceu.
Tumulto na sala.

Jau Jel — Ficou maluco? Acabem logo com isso!

Hi Wei — E onde ele desapareceu? Em que lugar do mundo? Também isso eu posso responder: no transporte. *O tumulto cresce.* Estimada assembléia! Os senhores estarão imaginando o pior. E é justo que estejam revoltados. Não poderiam ficar por mais tempo longe da verdade. Que me seja permitido entoar agora um novo canto de louvor à grandeza e às virtudes do povo chinês. Eu me refiro ao progresso alcançado sob o iluminado regime de nossa casa imperial. Meus senhores! Ainda há poucos anos, a população das baixadas oferecia um triste espetáculo. Figuras humanas maltrapilhas, seminuas, quase animalescas em sua nudez enchiam as aldeias. Não conheciam e mesmo desprezavam roupas decentes, tecidos de bom gosto. E hoje? Meus senhores, o fato de que um membro da casa imperial tenha se encarregado do incremento da produção do algodão mudou completamente esse triste estado de coisas. A cultura foi introduzida em nossas aldeias. A cultura! *Panfletos começam a cair do alto.* O desaparecimento do algodão durante o transporte dos campos para as grandes cidades se explica pelo progresso cultural do nosso país: a população está consumindo todo o produto! Eu não conheço o conteúdo desses panfletos...

UMA VOZ — Panfletos de Kai Ho! Polícia!

HI WEI — ... mas eu sei que são mentiras. A verdade grita: o algodão foi consumido!

O JOVEM ME NEH *em meio a um grupo de jovens tuis* — Por quem? Pelos camponeses sem terras que lavram seus minúsculos roçados a canivete e semeiam algodão nas orelhas de suas avózinhas? *É levado por policiais* — Eles não podem comprar roupa de algodão.

IMPERADOR — É um jumento este Hi Wei.

PRIMEIRO-MINISTRO — Os representantes das ligas abandonaram o recinto com esses panfletos na mão.

HI WEI *desesperado* — Silêncio, por favor! A China está à beira do abismo! *É interrompido por aplausos. Turandot, seguida por Munka Du, entra no camarote, vestida com o traje de papel, presente de Hi Wei.* Majestades Imperiais, estimada assembléia! Para enfrentar a crise do algodão, que, repito, tem origem nas crescentes exigências culturais do nosso povo, eu proponho que na capital, imediatamente, sem entraves burocráticos, contornando-se todas e quaisquer disposições legais, se utilize para roupas o material mais nobre, o material mais sagrado, a matéria-prima que nossos pensadores e poetas tornaram ilustre: o papel.

Voz — E que se proíba a chuva!
Gargalhadas. Policiais procuram o engraçadinho que falou e depois os que riram. Em seguida, novos aplausos. Turandot acaba de abrir ostensivamente sua sombrinha.

Nova Voz — Nossos operários vão ter de trabalhar nas ruas de sombrinha.

Outra Voz — É melhor você se vestir com os panfletos de Kai Ho!
A família imperial deixa o salão.
Camarins.

Jau Jel — O algodão desaparece no transporte! Agora só falta mais um botar a boca no trombone e a gente pode fazer as malas.

Turandot — Pela segunda vez eu virei o alvo de chacota do país! Miserável! *Arranca do corpo o vestido de papel.* Toma! Toma e toma!

Imperador — Não faça escândalo aqui. Já chega o escândalo que tivemos. *Sai com Jau Jel.*

Primeiro-Ministro — O senhor é o presidente da Associação dos Tuis.

Nu Shan — Mas eu não posso. Sou aluno dele.

Primeiro-Ministro — Resolva isso com sua consciência. *Saem os dois.*

Mãe do Imperador — Cortem a cabeça! Cortem a cabeça! Cortem a cabeça!

Sai rindo. As criadas trazem, aos risinhos, um biombo, cobrindo Turandot. Apenas o Tui da Corte e Munka Du ainda estão presentes. Ouve-se pelos tubos: "Os oradores do quarto dia estão sendo convocados ao grande salão".

TURANDOT *de trás do biombo* — Munka Du! Espera por mim, viu?

MUNKA DU — Tenho que me apresentar no salão, Alteza Imperial.

TURANDOT — Para isso há tempo. Já tem uma porção deles lá. Quero que você fale por último.

MUNKA DU — Está bem, Majestade Imperial.

TURANDOT — Munka Du, venha hoje comigo ao palácio. Tenho uma coisa pra mostrar.

MUNKA DU — Alteza Imperial, nada seria mais agradável para mim, mas tenho de trabalhar no meu discurso.

TURANDOT — Aposto que Fi Jei ainda está aí.

TUI DA CORTE — Acertou, Alteza Imperial.

TURANDOT — Fica quietinho aí. Munka Du, esta noite eu vou te mostrar uma coisa feita de algodão.
As criadas riem alto. O comunicado é repetido pelo tubo.

MUNKA DU — Alteza Imperial, peço licença para poder preparar meu grande discurso.

TURANDOT — Fi Jei, vai ver quantos oradores ainda estão no Grande Salão.
O Tui da Corte sai para o Grande Salão.

TURANDOT — Munka Du!
Salão.
O Primeiro-Ministro e o Secretário Nu Shan encaram o Tui da Corte.

PRIMEIRO-MINISTRO — É muito chato. Mal chegamos ao fim do ter-

ceiro dia e ninguém mais se apresenta. Naturalmente devem chegar ainda os oradores das províncias. Comunique ao senhor Munka Du que ele vai falar amanhã de manhã. *Para Nu Shan* — E o senhor, queira dar cabo deste idiota.
O Tui da Corte hesita em voltar ao camarim.
Vestíbulo.
O Secretário Nu Shan encontra seu mestre, o reitor Hi Wei, completamente isolado. Junto à porta, cercado por policiais, Me Neh e outros jovens tuis. Sen e o tui Gu dirigem-se para a saída.

Gu — O que acha de tudo isso, meu caro Sen?

Sen — A eloqüência destes senhores é grande, mas não basta. As terras são minúsculas demais.

Hi Wei — Comunique imediatamente aos altos escalões que eu exijo para este moço aqui, um seguidor declarado de Kai Ho, a pena máxima, a morte! *O Secretário faz sinal para os policiais e os jovens são levados para fora.* Obrigado. Você ouviu alguma coisa? E aí? O que estão dizendo do meu discurso? Os panfletos tiraram um pouco do efeito, não foi? Mas a aparição da princesa usando o meu vestido foi um impacto, eu acho. As pessoas estão satisfeitas? *Grave* — Alguma notícia? Ninguém me disse nada, provavelmente porque ainda não se conhece a reação da corte. Revise com atenção as atas do meu discurso antes de ser publicado. O calor do salão ajudou um pouco a receptividade, não foi? Por que não diz nada, homem de deus? Você é meu discípulo há onze anos. Estou lhe responsabilizando pelas atas. Ah, compreendo. Diga aos meus filhos...
Vestíbulo.
Quarto dia. O Primeiro-Ministro, Nu Shan e o escrivão da Escola Tui. Comunicado pelo tubo: "Oradores do quinto dia, apresentem-se ao comitê do Primeiro-Ministro, no vestíbulo."

Primeiro-Ministro — Ele quer se fazer esperar. As entradas estão vigiadas? As paredes auscultadas? Os porões revistados?

Nu Shan — O Ministro da Guerra assumiu pessoalmente o controle.

Primeiro-Ministro — Isso não quer dizer nada. Não tem trinta anos ainda. O homem era membro da Sociedade Pelo Progresso Moderado no Âmbito da Lei. Tem ainda o geógrafo Pauder Mil, do Mosteiro de Tashi Lump, que se inscreveu mas não vai poder chegar antes de depois de amanhã. Os agitadores de ontem foram expulsos da Associação dos Tuis?

Nu Shan — Já foram executados.

Primeiro-Ministro — Isso não interessa. Eu perguntei se eles já foram excluídos da Associação dos Tuis.
Entram apressadamente Munka Du e Turandot acompanhados pelas suas criadas. Munka Du está visivelmente tresnoitado. Reverências.

Turandot — Desejem a ele boa sorte, senhores. Esta noite ele me contou o que vai falar.

Primeiro-Ministro — Senhor Munka Du, estou convencido de que o senhor compreenderá que, depois do que aconteceu ontem, se tenha tomado a decisão de interrogar os oradores, sejam eles quem forem, para saber se têm idéias anti-chinesas.

Turandot — Ele não tem.

Primeiro-Ministro *inclinando-se* — Certamente que não. *A Munka Du* — Queira submeter-se a essa formalidade. *Sentam-se todos.* O senhor faz pipi na cama?

Munka Du *indefeso* — Não.

Primeiro-Ministro *dirigindo-se às criadas* — Por favor, nada de risadinhas. A pergunta é protocolar. O senhor já pertenceu alguma vez à Associação dos Amigos da Luta Armada? *Munka Du nega com a cabeça.* A dos Mentirosos pelos Direitos Humanos? *Munka Du nega com a cabeça.* O senhor é a favor da paz em qualquer das suas modalidades? *Munka Du nega com a cabeça.* O senhor tem parentes? *Munka Du nega com a cabeça, mas depois faz que sim.* Nas províncias do norte? *Munka Du nega.* Diga Kai Ho.

Munka Du — Kai Ho.

Primeiro-Ministro — O senhor está tremendo.

Munka Du — Eu passei a noite em claro.

Turandot *manda as criadas, que acabaram de penteá-la, se retirarem* — Pronto! *Levanta-se, acena para Munka Du e sai com ele e as criadas.*
Ouve-se o tema dos tuis, fraco e desafinado.
Salão.
Por toda parte, sentinelas armados. Entram Munka Du e Turandot. Ele dirige-se trôpego até o palanque, ela caminha lépida até a frisa imperial. Ela despoja-se de seu manto e senta-se, seminua.

Imperador — Como é que pode se exibir desse jeito?

Turandot — Não brigue comigo. Você precisa disso.

Nu Shan — Como presidente da Associação Tui, tenho a honra de apresentar o orador do quarto dia, o senhor Munka Du, diretor do Seminário Filosófico.
Turandot aplaude.

Munka Du — Majestades Imperiais, meus senhores. Nesta hora histórica...
Depois de uma pequena confusão, entram quatro homens seminus. Postam-se no centro do palco, cantando.

Os Quatro —
   A-la-la-ô raio de sol, raio de sol,
   Que traz saúde e alegria a-la-la-ô
   Pro povo gelado até os ossos.
   Dê vida longa a Kai-Ho!
Os guardas armados caem sobre os quatro e os arrastam.

Os Quatro *içando uma flâmula de algodão numa vara* —
   Se ter camisa é uma ilusão
   Pra quem é descamisado a-la-la-ô

Pelo menos a bandeira é de algodão.
Vida longa a Kai-Ho!

MUNKA DU *enquanto os quatro são expulsos a cassetete* — Majestades Imperiais, meus senhores...

O JOVEM SHI MEH *atira o seu recém-confeccionado chapéu de tui ao chão e o pisoteia* — Larguem eles! Ou me levem junto!
É levado junto com os outros.

MUNKA DU — Nesta hora histórica....

SHI MEH *da entrada* — Por que você vem falar aqui, seu deus dos seminários filosóficos? Você não vai mesmo trazer roupas para cobrir os corpos nus!
É arrastado para fora.

NU SHAN *furioso* — Eu acabo com você, Shi Meh!

VOZES — Fala logo, Munka Du! Estão transformando o palácio da Associação dos Tuis em mercado de peixe. Só que fede mais.

MUNKA DU *sombrio* — Sabe por que eu vim falar aqui, Shi Meh? Eu vim falar aqui porque não quero que me privem da liberdade de falar o que eu bem quiser, onde eu quiser. Sim, eu estou aqui para proteger a liberdade, a minha, a sua, a liberdade de todos.

UMA VOZ — Até a dos lobos!

MUNKA DU *enquanto a polícia procura o dono da voz* — Claro!

UMA VOZ — E a das ovelhas!

MUNKA DU *enquanto a polícia procura o dono da outra voz* — Isso mesmo. Até a das ovelhas! Eu não sou da opinião, eu não sou da opinião...— *Enxuga o suor do rosto* — ... eu não sou da opinião que se deva usurpar o algodão da camisa dos Sem-Roupa, mas se eu fosse dessa opinião, eu desejaria poder expressá-la, expressar a opinião da qual

eu não compartilho. Não se trata aqui do algodão, trata-se da liberdade de opinião sobre o algodão, opinião que não depende daquilo do qual não se trata. O trato comercial não interessa aqui. Aqui se tem uma opinião — *inquietação na sala* — Da opinião é que se trata, e não do trato.
Gogher Gogh, com dois guarda-costas, entra à força.

Gogher Gogh — Já que é assim, um homem deveria expressar aqui sua opinião, um homem que não usa o chapéu de tui, mas que provou com atos que ele...
É arrastado para fora.

Uma Voz — Estão reprimindo os assaltantes de rua!

Munka Du — Majestades Imperiais, meus senhores! Permitam-me que já não fale aqui do algodão, mas sim das virtudes que um povo precisa ter para passar sem algodão. A questão não é: "onde está o algodão?" Mas sim: "onde estão as virtudes?" Onde foi parar o sereno desprendimento, a legendária paciência com que o povo chinês tem sabido suportar seus incontáveis sofrimentos? A eterna fome, o trabalho desgastante, o rigor das leis?

Imperador — Tá escorregando. Depois de um começo primoroso!

Munka Du — Tudo isso era... *Recorrendo ao manuscrito* — ... a liberdade interior. Majestades, meus senhores, esta liberdade se foi.

Uma Voz — Junto com a exterior.

Munka Du — Eu honro a memória da gente simples das passadas gerações, que, vestida em farrapos, não existiu sempre algodão, sabia levar seus dias com dignidade, alimentando-se com um punhado de arroz, sem mendicância, sem violência. Estão dizendo que você está entre nós, Kai Ho. *Inquietação.* Eu não sei. Mas se você estiver aqui, então eu pergunto: o que você fez com a liberdade? A todos você escraviza. Você exige que todos clamem só por algodão, como se não houvesse nada melhor.

Uma Voz — Isto é, seda.

Munka Du — Exijo de você a liberdade de expressar a minha opinião, está ouvindo? A mim não interessa o algodão que está estocado nos depósitos do Imperador, a mim interessa a liberdade.
Grande inquietação.

Jau Jel — Agora está na boca do povo. Esses idiotas revelaram tudo!
A família imperial deixa o salão.

Munka Du — A liberdade!... A liberdade!... A liber...
Pelos tubos ouve-se uma canção:
   A-la-la-ô, raio de sol, raio de sol,
   Que traz saúde e alegria, a-la-la-ô,
   Pro povo gelado até os ossos,
   Dê vida longa a Kai-Ho!
A polícia arrasta Munka Du para fora.
Vestíbulo.
Tuis se precipitam para a porta de saída.

Vozes de Tuis — Ele arruinou a reputação da Associação dos Tuis. O seu discurso me causou uma impressão muito fraca. Daí a sua veemência. Aquilo dos depósitos do Imperador foi um lapso de linguagem. Um lapso fulminante.

Gu *ao velho Sen* — Não se deixe abater, Sen.

Sen — Hoje eu criei coragem. É como se diz: o gato viu o rato.

Eh Feh — Vovô, a canção era muito bonita.

Sen — Pssiu! Ele quis dizer a melodia, o som, a harmonia. *Astuto.* Está vendo? Eu já aprendi alguma coisa com os tuis. Com a polícia, é preciso ser um tui.

Gu *jogando, num ímpeto, o seu chapéu tui no chão* — Estou começando a desprezar o meu ofício, meu velho. *Olha em torno de si assustado e pega de volta o chapéu no chão, espanando-o* — Apesar de tudo, você poderia ganhar aqui muita sabedoria.

Sen — Há vários tipos de sabedoria. Eu sou pela sabedoria que divide as terras.

6

JUNTO À MURALHA DA CIDADE

Um carrasco e seu ajudante penduram na muralha a cabeça de Munka Du, junto a outras cabeças.

Carrasco — Nada mais terrível do que as reviravoltas da sorte humana. Ainda ontem, Jen Fai e seu ajudante penduraram a última cabeça no lado oeste. Estavam tranqüilos e satisfeitos. Escolheram o lado oeste porque ontem passava lá a caravana tibetana com os peregrinos da sétima purificação. Foi um belo efeito. Os peregrinos comentavam com entusiasmo o espetáculo, e a sorte de Jen Fai parecia garantida. Mas esta noite soprou o vento oeste e choveu e, hoje de manhã, a exposição tinha um aspecto terrível. Cabeças como já não se encontram mais em toda a China não passavam de sombras delas mesmas. Jen Fai não devia ter escolhido justo o lado oeste só para conseguir um efeito exterior... Parece que a princesa Turandot passou duas horas chorando aqui, de manhã cedinho. *Estão prontos e seguem andando.* E, sorte e azar estão sempre se revezando, na nossa situação.

Voz de Homem *que canta enquanto se afasta* —
Diga àquele que puxa o carro
Que logo ele vai morrer.
Diga a ele: quem vai viver?
Quem está dentro do carro.
A noite vem.
Agora, um punhado de arroz

e um bom dia
chegaram ao fim.

O escrevente da escola Tui chega com o jovem Si Fu. Examinam as cabeças, parando diante de um desconhecido.

ESCREVENTE — Este é o meu mestre. O maior gênio em gramática chinesa. Só falou besteira no congresso. Mas agora não tem mais ninguém que saiba explicar a poesia de Po Chuyi. Ah, por que eles não se limitaram às suas disciplinas... *Vem alguém.*

Os dois saem. Entra Turandot que passeia com as suas criadas. São seguidas por sentinelas armadas.

TURANDOT *vendo a cabeça de Munka Du* — Dudu! E ali está também Hi Wei, o modista dos vestidos de papel. Na verdade, eu deveria usar luto, mas isso podia intimidar muito os pretendentes. As cabeças se multiplicam na muralha. Pelo visto, não é bom negócio defender a política. Quem vem aí?

PRIMEIRA CRIADA — É o bandido Gogher Gogh. Um homem ridículo da Casa de Chá dos Tuis.

SEGUNDA CRIADA — Pelo contrário. Todo o mulherio de Pequim se atira aos pés dele por causa da sua virilidade.

TURANDOT — Então não passa de um belo idiota.

PRIMEIRA CRIADA — Parece que tem dois sujeitos seguindo ele. Vamos embora.

TURANDOT — Vamos ficar.
Gogher Gogh chega, olhando temeroso para trás, como se estivesse fugindo. Ao ver as mulheres, pára. Turandot sorri.

GOGHER GOGH — Vão passear?

TURANDOT *rindo* — Vamos comprar galinha.

GOGHER GOGH — Ótimo. Posso acompanhá-las?
A Primeira Criada aponta na direção de onde ele veio e ri.

TURANDOT — Por favor.
Os guarda-costas de Gogher Gogh se aproximam, olhando para ele, ameaçadores.

GOGHER GOGH *oferece gentilmente o braço a Turandot, passando com ela pelos dois guarda-costas.* A senhorita precisa de forte proteção. Aqui tem muito malandro.

TURANDOT — Os cavalheiros querem alguma coisa do senhor?

GOGHER GOGH — Muita gente vem atrás de mim, mas não conseguem nada.

TURANDOT — Talvez só queiram lhe perguntar alguma coisa.

GOGHER GOGH — Eu estou cheio de perguntas. Por princípio, eu não respondo nenhuma.

TURANDOT — Por acaso são perguntas inconvenientes?

GOGHER GOGH — Eu não sei, porque nem ouço.

TURANDOT — Um político! E o que está achando do congresso?

GOGHER GOGH — Nada. Aqui a senhora está vendo o resultado. Eu tentei em vão evitar tudo isso, mas não me deixaram entrar. Só porque não sou tão instruído como eram esses senhores aí. Agora só resta o mau cheiro. Se o governo responder mesmo cada pergunta que lhe for feita, ele cai. Por quê? Porque cheira mal. Quanto tempo a senhora aguentaria o seu cachorro lhe perguntando toda manhã onde está o seu osso? Simplesmente ele ia ser um bicho muito antipático.

TURANDOT — Não deixa de ser verdade. E o que acha das mulheres?

GOGHER GOGH — A mulher chinesa é fiel, trabalhadeira e obediente. Mas deve ser tratada como o povo, ou seja, com mão de ferro. Senão ela relaxa. *Os guarda-costas voltam a passar, ameaçadores.* Comigo, quis bancar valente, leva.

Turandot — E de mim o que é que você acha?

Gogher Gogh — A senhora é uma criatura enigmática, se posso dizer assim. Aliás, acho que já tive a honra de vê-la antes.

Turandot — Posso ajudá-lo: em círculos literários.

Gogher Gogh — Um povo sem literatura é um povo sem cultura. Só que ela deve ser sadia. Eu venho de família humilde, porém decente. Na escola eu era bom em ginástica e em religião. Mas desde cedo já revelava certas qualidades de líder. Com sete correligionários, montei um negócio e com disciplina férrea consegui fazer dele o que é hoje. Eu exijo dos meus seguidores uma crença fanática em mim. Só assim posso atingir os meus objetivos. *Aos sentinelas —* Prendam esses elementos! *Os guarda-costas se afastam rapidamente.* Onde quer que eu a leve?

Turandot *satisfeita* — Se não tem inconveniente, ao bairro do Palácio Imperial. *À Segunda Criada* — Esquece o que eu disse há pouco.
Todos saem na direção por onde Turandot havia entrado.

A Cabeça de Hi Wei — Receio que vá chover de novo esta noite.

Uma Cabeça Desconhecida — O meu argumento central era muito bom, mas, de fato, eu podia ter dado um pouco mais de colorido aos detalhes.

A Cabeça de Ki Leh — O algodão não vingou.

A Cabeça de Hi Wei — Deve haver uma resposta. Ontem à noite eu estava chegando perto.

A Cabeça de Munka Du — Eu devia ter dormido bem, e aí...

A Cabeça de Ki Leh — Isso que ele dispõe — dispõe, que palavra infeliz — antes eu não tivesse dito essa palavra.

A Cabeça de Hi Wei — A verdadeira ciência nunca desiste. É

que para cada pergunta existe uma resposta. Tudo o que se precisa é de tempo para encontrá-la.

A Cabeça Desconhecida — Tempo é o que não falta agora para a gente.

A Cabeça de Ki Leh — Pelo menos nós não deixamos de gozar aqui de uma certa forma de liberdade.

Puxado por dois jovens tuis, um carrinho conduz o geógrafo Pauder Mil.

Jovem Tui *gritando* — Abram caminho para o grande geógrafo Pauder Mil.

Pauder Mil — Nada de se render ao cansaço antes do tempo. Tenho muito medo de que o congresso já esteja encerrado quando eu chegar. A qualquer momento alguém pode encontrar a resposta. E aí?
Os jovens tuis param assustados e apontam para as cabeças.

Pauder Mil — Só uns criminosos! Adiante, meus jovens amigos.

7

a

NO PALÁCIO IMPERIAL

O Primeiro-Ministro recebe o Delegado dos Camiseiros e seu tui.

O Tui da Liga dos Camiseiros — Excelência! Uma análise da situação prova que...

Delegado *faz sinal pra ele se calar* — Eu falo. Os fabricantes de camisas não aguentam mais. Isso é tudo.

Primeiro-Ministro — Extra-oficialmente eu posso lhe comunicar que o Imperador vai arcar com as conseqüênias do fracasso da grande conferência.

Delegado *satisfeito* — Já é alguma coisa. Como eu disse, não posso mais conter o meu pessoal.

Primeiro-Ministro *conduzindo-o para fora* — Pode esperar a decisão na antecâmara. A propósito, o Delegado da Liga dos Sem-Roupa não apareceu.

Delegado — Eles estão fazendo a sua própria política.

Primeiro-Ministro — Vocês estão de mal com eles?

Delegado — Posso garantir uma coisa: ninguém me verá mais em companhia desse sujeito.
Sai com o seu tui. Entra o Imperador com Jau Jel.

Imperador — A culpa é toda desses tuis. Eu sempre quis o melhor.

Jau Jel — E sempre conseguiu.
Entram o Tui da Corte, o Ministro da Guerra e Nu Shan.

Tui da Corte — Majestade, não há motivo para inquietação.

Nu Shan — A população mantém o sangue frio, Majestade.

Ministro da Guerra — Nós temos o controle das portas da cidade, Majestade.

Imperador — Obrigado. Espera aí. O que aconteceu?

Ministro da Guerra — Majestade, Kai Ho acaba de partir das províncias do norte rumo à capital.

Jau Jel — Temos que destruir imediatamente certos estoques.

Imperador — Se é assim, eu renuncio.

Primeiro-Ministro — Como?

Imperador — Como eu renuncio?

Primeiro-Ministro — Não. Como vamos destruir os estoques?

Jau Jel — Queimar é impossível. O algodão tem mau cheiro.

Imperador — Ótimo. Eu renuncio.

Ministro da Guerra — Não podemos usar os militares para essa tarefa. Haveria motins.

Imperador — Renuncio.
Silêncio. O Imperador olha incrédulo para os presentes.

Imperador — Vocês podem refletir mais sobre isso, mas...
Como ninguém mais diz nada, ele sai lentamente.

Ministro da Guerra — Sua Majestade é impossível.

Jau Jel — Não esperem que eu... Eu nunca iria contra meu irmão... Assim, sem razão, pedir a mim que... Para que depois se diga que... Me elevei a posição de Imperador quando... Não insistam! eu não tenho nenhuma ambição... Talvez em caso de extrema necessidade, digamos, por razões dinásticas... Posso contar com vocês? Prenda meu irmão, general. *Sai.*

Primeiro-Ministro — Majestade!
Todos inclinam-se e saem.

Imperador *entrando por outra porta* — Eu pensei sobre o assunto e... *Vê que todos foram embora.* É incrível. Como é que tratam o Imperador nesta terra! *Tambores de fora. O Imperador corre até a janela.* Por que minha guarda pessoal anda sob mira de fuzis? Jau Jel! Ele... Era só o que faltava ter de pesar todas as minhas palavras dentro de minha própria casa! Tenho que ir embora já...
Entra Turandot com suas criadas e Gogher Gogh.

Turandot — Papai, deixa eu te apresentar um dos homens mais inteligentes que eu já encontrei...

Imperador — Tem algum trocado aí?

Gogher Gogh — No momento não.

Turandot — Trocado para quê?

Imperador — Tenho que viajar. Eu renunciei num momento de fraqueza. Na mesma hora, Jau Jel se fez Imperador. Naturalmente isso é ilegal. O povo deve poder escolher seu próprio regime.

Gogher Gogh *que a cada minuto olha pela janela* — Que história é essa de "o povo deve poder escolher seu próprio regime"? E por acaso o regime pode escolher seu povo? Não pode. Por acaso o senhor teria escolhido este povo se tivesse tido o poder de escolher?

Imperador — Claro que não. O povo pensa exclusivamente no seu bem-estar e vive escandalosamente de nossas rendas.

Gogher Gogh — O povo é um perigo público. Conspira contra o Estado.

Imperador — Brilhante. *A Gogher Gogh.* Diga o que ele tem que fazer, na sua opinião.

Gogher Gogh — Muito simples. Só que, infelizmente, tenho os meus próprios problemas, que não são fáceis de resolver. Aliás, eles têm a ver com os seus. Só para encurtar, pois não temos tempo, vocês não devem responder à pergunta sobre o algodão, mas proibi-la. Ei, a guarda está se retirando.

Imperador — Eu entendo. Seria até mais fácil.

Gogher Gogh — Se os guardas forem embora, eu estou perdido.

Turandot — Papai, proíba imediatamente que a guarda se retire.

Imperador *andando agitado* — Tem alguma verdade nas suas palavras, jovem. É a primeira coisa razoável que eu estou ouvindo e você não usa chapéu de tui. Eu não posso dar mais nenhuma ordem à guarda.

TURANDOT — Papai, eu lhe conheço muito bem: quero deixar bem claro aqui que essas idéias são patrimônio do Gogher Gogh. Portanto, o senhor Gogh entra no concurso da Associação dos Tuis com todos os direitos. Espero que o senhor tenha entendido.

Entram Jau Jel, o Ministro da Guerra e o Tui da Corte.

JAU JEL — Estão vendo isto? Por que meu irmão ainda não foi preso? Atire imediatamente!

MINISTRO DA GUERRA *para o Imperador* — Um grupo de populares se dirige ao palácio. O senhor conspirou com o povo?

IMPERADOR — Outra vez essas perguntas? E cadê o tratamento protocolar?

GOGHER GOGH — Está feio! É Kru Ki e os outros.

TURANDOT — Como é que você sabe o que essa gente quer?

JAU JEL — Querem nos enforcar, sua perua idiota! O que mais essa gente ia querer?

IMPERADOR — Isso é verdade.

GOGHER GOGH *subitamente* — Peço a atenção dos senhores. Trata-se de agitadores que foram provocados. No momento em que perceberem que eu estou aqui...

JAU JEL — Está querendo dizer que essa gente conhece o senhor?

GOGHER GOGH — Estou.

IMPERADOR — Então fale com eles, homem de Deus!

GOGHER GOGH — Impossível! Se eu cair nas mãos deles, ou melhor, se eu aparecer para eles de mãos vazias...

IMPERADOR — Que é isso? Pode prometer o que quiser.

MINISTRO DA GUERRA — Claro, pode prometer tudo.

Jau Jel — Tudo.

Gogher Gogh — Tudo muito bem, mas quem sou eu?

Imperador — Meu caro, meditei profundamente sobre suas propostas e lhe confio a missão de agir imediatamente da maneira adequada. Tem toda a minha confiança. Vou até me retirar para os meus aposentos por uns minutos para fazer um lanchinho.

Gogher Gogh — Majestade, nunca vou esquecer o seu gesto.
O Imperador sai com Jau Jel, Turandot e o Tui da Corte. Barulho de fora.

Gogher Gogh *ao Ministro da Guerra* — Excelência, devo lhe pedir a sua faixa. *Como este não entende* — Excelência, vida e morte dependem da sua presença de espírito. Imploro que me dê a faixa. Poupe-me a humilhação de ter que me ajoelhar aos seus pés. Excelência, diante do senhor está um infeliz que lhe pede sua faixa.
Arranca a faixa do indeciso, e rasga-a em tiras. Entram dois guarda-costas com três outros assaltantes.

Primeiro Guarda-Costas — Ah, você está aí?

Gogher Gogh — Estavam me procurando? *Ao Ministro da Guerra* — Eles estavam me procurando. Camaradas, a China conta com os seus serviços!

Primeiro Guarda-Costas — Nada de gracinhas.

Segundo Guarda-Costas — Chega de embromação.

Gogher Gogh — Também acho. Chega de embromação. Já se disse muita gracinha. Excelência! Elementos fora da lei que tentam abertamente se apropriar dos bens de seus concidadãos e ferir a ordem sagrada do Estado estão à solta por aí, enquanto homens rudes, mas dedicados ao Imperador, devem assistir a tudo desarmados. Em nome dos plenos poderes a mim conferidos pelo Imperador, exijo armas para estes homens. E que sejam dos arsenais do Imperador —

Vai até os guarda-costas e, solenenemente, prende-lhes nas mangas as tiras, como braçadeiras — Como guardiães da ordem, vocês com fanático fervor chutarão a barriga de cada um que ousar rebelar-se. Salário: o dobro do de policiais comuns.

Segundo Guarda-Costas — Certo, chefe.
O Imperador volta com os outros, que bebem em pequenas xícaras.

Imperador — E aí?

Gogher Gogh — Majestade, neste momento histórico apresento-lhe meus velhos companheiros de armas, os irmãos Krukher Kru. Sobre aquela gente que foi vista nas imediações do Palácio, verifiquei que se tratava de experimentados colegas meus de luta, que vêm se colocar de corpo e alma à disposição de Vossa Majestade.

Imperador — Meu caro senhor Gogh, como vê, estou comovido. Antes de mais nada o problema está nos armazéns imperiais, que necessitam de proteção urgente.

Gogher Gogh — Majestade, me dê vinte e quatro horas e não reconhecerá mais sua capital.

Jau Jel — O que fazer com os armazéns?

Imperador — Estão proibidas as perguntas. *Ao Ministro da Guerra* — Prenda meu irmão, general.
Turandot aplaude.

Jau Jel — Você tinha renunciado!

Imperador — Mas não definitivamente. *Malicioso.* Por acaso você não tinha dado ordem para que atirassem em mim?

Jau Jel — Absurdo! Em momentos de excitação se diz muita coisa.

Gogher Gogh *solícito* — Majestade, cabe a mim cumprir suas ordens implacavelmente.

MINISTRO DA GUERRA *aproximando-se dele* — Alteza Imperial...

JAU JEL — Você vai ver só o lixo em que você vai transformar os negócios sem mim.
Sai furioso com o Ministro da Guerra, seguido também pelo Primeiro Guarda-Costas e mais dois assaltantes. À porta, deparam-se com o Primeiro-Ministro e Nu Shan, que se inclinam profundamente, mas ao avistarem o Imperador inclinam-se diante dele, aterrorizados.

IMPERADOR — Voltei a agarrar com mãos firmes as rédeas do governo, meu caro, e daqui a pouco acerto contas com o senhor. No momento, os acontecimentos se precipitam.
O Delegado da Liga dos Camiseiros aparece atrás do Primeiro-Ministro, com seu tui.

DELEGADO — Sua Excelência, o Primeiro-Ministro, teria declarado durante a audiência desta manhã que Vossa Majestade assumiria as conseqüências do fracasso do Congresso dos Intelectuais.

IMPERADOR — É. Você está preso.

GOGHER GOGH — Siga-me. *Vê Nu Shan.* Quem é este senhor?

PRIMEIRO-MINISTRO — O senhor Nu Shan, presidente da Associação dos Tuis.

GOGHER GOGH — Um tui! — *Esbravejando* — O senhor está preso! Como todos sabem, são perigosos traficantes de opiniões. Ou melhor, traficantes de opiniões perigosas. Não tenho nada contra alguém receber dinheiro por uma opinião. Sob meu comando, aliás, o estado dará mais dinheiro para opiniões. Mas para opiniões que me convenham. Além do mais, acho nojenta toda essa masturbação mental, essa mania de pensar sobre tudo. Basta haver moral e respeito por quem sabe fazer as coisas como elas devem ser feitas. *Gritando* — Fora daqui!

TURANDOT *radiante* — Gogô!
A mãe do Imperador entra com um frasco de gengibre.

b

NO PAÇO IMPERIAL

Gogher Gogh dirige-se a seu bando.

Gogh — Como se acaba de descobrir, os armazéns imperiais estão abarrotados de algodão até o teto. Ainda há poucos dias, durante a Grande Conferência Tui, precocemente interrompida, uns sem vergonha andaram dizendo que não havia algodão. Já receberam o castigo que mereciam. Do mesmo jeito, o irmão do Imperador, Jau Jel, que tinha escondido esse algodão, pelas costas do Imperador, foi preso e fuzilado. Ele tinha a intenção de queimar uma parte desse estoque para disfarçar o seu crime. Mas não teve tempo de executar esse plano monstruoso. Uma corja safada de militares tenta agora convencer o Imperador de que os serviços de vocês já não são mais necessários. Por isso eu me vejo obrigado, naturalmente com a aprovação do Imperador, a dar, como já tinha sido feito nos primeiros anos do nosso movimento, um exemplo bem visível para que até o maior boçal reconheça que sem uma proteção enérgica nenhuma propriedade estará segura. Com este objetivo, ainda esta noite vocês irão atear fogo numa parte dos armazéns. Incendiar a metade dos armazéns, para ser mais exato. Cumpram com seu dever!

8

a

PEQUENO MERCADO TUI

Sobre grandes cavaletes, tuis expõem enormes livros abertos. Por um ien os passantes podem ler uma página.

Tui da Cultura Geral —
    O pobre diabo se ata noite e dia

E o seu suor não dá pra pagar sua fatia
O que o mantém vivo? Preocupação acumulada.
E tudo porque esse homem não sabe nada
Quem não tem cavalo pelos cascos é pisado
Mas quem tem esse sim vem bem montado.
Nada é mais importante do que o saber
É preciso saber para só depois comer.

Uma mulher velhíssima paga um ien e folheia o livro. Entra Sen, com o jovem Eh Feh.

Eh Feh — Eu também tenho que ser um tui desses, vovô?

Sen — Ainda temos o nosso dinheiro.

Eh Feh — Não seria melhor comprar um sapo?

Sen — Eh Feh, o que você tem contra os tuis?

Eh Feh — Acho que eles são maus.

Sen — Olha aquela ponte ali. Quem você acha que a construiu?

Eh Feh — O Imperador.

Sen — Não. Pense mais.

Eh Feh — Os pedreiros.

Sen — É, mas pense um pouco mais. *Pausa.* Os pedreiros construíram, mas foi um tui que disse a eles como. Até agora nós só tínhamos ouvido eles falarem, mas ainda não tínhamos nos deparado com o seu saber. Já aqui encontramos o saber exposto. Só estou um pouco desapontado que ele seja tão caro. Eh Feh, se mais uma vez isso não der em nada, aí sim eles devem ser destruídos pelo fogo e a espada.

Anda indeciso de cavalete em cavalete. Entram quatro lavadeiras, entre elas Ma Gogh.

Kiung — Agora eu já comprei e pronto. *Mostra ao Tui Economista um novo lenço de cabeça* — Algodão.

Su — Uma milionária!

Kiung — O ordenado de quatro semanas, mas vale a pena. *Para Yao* — Todo mundo concorda que me cai bem. Você também acha, não é mesmo, Yao?

Yao — Não. Você é magra demais para usar isso.

Kiung — Ah, pelo amor de Deus! Você se acha a única bonita, sua cara de bosta. Você é bonita?

Yao — Não. Eu também não sou.

Ma Gogh — Por que pergunta a ela? Sabe que ela só diz a verdade.
Kiung solta uma gargalhada.

Tui Economista — O que desejam as madames de especial?

Kiung — Somos da lavanderia "Flor de Amêndoa" e saímos pra fazer compras.

Tui Economista — Madames! Como é que eu faço sucesso no mundo dos negócios? Dêem uma olhada no meu livro e por um ien fiquem inteiradas do que a ciência da Economia diz a esse respeito:
Como pequeno comerciante eu fui percebendo
Que os grandes tubarões sempre estão crescendo.
Eu arranco os poucos cabelos que me sobra, então,
E pergunto como é que eu faço para ser um tubarão?
Pois agora eu sei como a gente pobre e rasa
Teve que fazer a vida toda para ter pão e casa.
Por isso não faço outra coisa durante todo o dia.
Que fazer negócios para ganhar minha fatia.

Kiung — Isso é para você, Ma. Você tem uma lavanderia e vai comprar para o seu filho uma grande lavanderia. Aqui você aprende como arranjar dinheiro.

Ma Gogh — O senhor poderia procurar para mim onde tem aí qualquer coisa sobre empréstimos?

Tui Médico — A senhora tem dores? Está doente sem saber?
Quer saber o que o médico sabe? Um ien.
Por exemplo, um doente com cálculo renal
E o médico quer fazer prospecção anal.
O médico sabe fazer cálculo e não tirar,
E sabe quanto custa um cálculo e calcular.
O doente tem que ficar de quatro, coitado,
Enquanto o médico lhe enfia o calculado.
Como o doente não se formou na Academia
O médico aproveita para tirar sua fatia.

Ma Gogh — Eu também devia dar uma olhada aí, pois de tanto lavar roupa dei um jeito no ombro. Mas é melhor olhar como é que eu faço pra comprar a lavanderia para o meu filho. Mas esse ombro tem piorado tanto...

Kiung — Um chale de lã era a melhor medicina para esse ombro.

Ma Gogh — Mas custa quinze ienes.
Entra o Segundo Guarda-Costas de Gogher Gogh com dois outros assaltantes e as Duas Criadas de Turandot.

Segundo Guarda-Costas — Ah, aí está a senhora, mamãe Ma. Mas isso não é ambiente para senhora. Sabe o que nós somos agora? *Aponta para a faixa no braço* — Polícia! Mas não tenha medo. Daqui para frente vai ser diferente. Mamãe Ma, seu filho subiu na vida e espera a senhora no Palácio Imperial. Veja só!

Ma Gogh — Ora essa, não se dirija a mim em lugares públicos, seu porco, que minhas amigas ficam envergonhadas.

Segundo Guarda-Costas — Mamãe Ma, essas moças ainda vão contar um dia para os filhos de seus filhos que se davam com a senhora. E agora venha comigo. *Agarra-a pelo braço.*

Primeira Criada — Venerável mulher, uma personalidade tão ilustre que até é proibido tocar no seu nome, aguarda a senhora ao lado do seu venerável filho.

Ma Gogh — O meu Gogher deve ter feito outra das suas. É melhor eu conferir. *Se dispõe a ir.*

Primeira Criada — Venerável mulher, permita-nos acompanhá-la até a esquina onde está a liteira. Os carregadores se negaram a entrar neste mercado sujo.
O Primeiro Guarda-Costas entra com cinco assaltantes, trazendo archotes de estopa.

Primeiro Guarda -Costas — Ah, acharam ela! Grandes tempos, mamãe Ma! *Ma Gogh faz um gesto de desprezo e sai com o Segundo guarda-costas.* Vocês aí, onde ficam os armazéns do Imperador?

Kiung — Atrás da ponte do curtume. *Saem os bandidos.* O que vocês dizem disso? Estou com uma pressentimento horrível. É melhor voltar para casa. Su!

Su *que se aproximara do cavalete do Tui da Vida Amorosa* — Eu já vou indo.

Tui da Vida Amorosa — Os segredos da vida amorosa! Felicidade ou corações partidos? Como agir com meu bem-amado?
O amor tem dois destinos, tem dois lados,
O dos que amam e o dos que são amados.
Um colhe o bálsamo; o outro, feridas.
Um dá e outro toma: dois lados, duas vidas.
Esconde o rosto quando o amor te faz corar.
Proíbe o peito de sair pra se mostrar.
Um punhal, o amor, dois lados, a morte fria
Ao que não sabe; o que sabe vai ganhar sua fatia.
Aproximem-se, senhoritas! Informem-se antes que seja tarde demais. Um ien.

Su *pagando* — Será que eu devo me atirar no seu pescoço, ou fingir que não gosto dele?

Tui da Vida Amorosa — O último, senhorita, o último. *Lê para ela, em voz baixa.*

Kiung — Para que você pede para ele ler, Su? Se esse aí que escreveu isso entendesse desse assunto teria uma namorada, e aí não ia ter tempo de escrever um livro desses.

Sen *que permaneceu indeciso diante da barraquinha do Tui Economista* — As madames não devem brincar com o saber. Se esse livro aqui não me interessasse certamente eu estudaria aquele outro ali. Eu sou da opinião que não se deve negar uma alegria a ninguém, nem a si mesmo. Por que a senhorita ri? *Ele sorri a Yao que havia rido.*

Kiung *alarmada* — Yao, não responda.

Sen — Por que não? Deve-se responder sempre.

Yao — Eu estou rindo porque você não consegue mais nada.

Sen *começando a rir também* — É verdade. Mas não conta pra ninguém. Quem não pode caçar o tigre, pode talvez caçar o porco-espinho. E quem não aprende pra si, aprende para os outros. *Olhando o menino.* Ele cresce rápido.
Inquietação entre os tuis. Todos olham para trás.

Kiung — Olhem. Está pegando fogo! É lá atrás da ponte do curtume.

Sen — O cheiro é de algodão queimado.

Um Tui — É melhor a gente desarmar as barraquinhas. Se os bombeiros vierem, passam por cima de tudo.

Outro Tui — Não virá bombeiro nenhum.

Outro Tui — Por que você acha isso?
Gogher Gogh e o Primeiro-Ministro entram com homens armados.

Gogher Gogh — O incêndio deve ter sido provocado pelos

camiseiros e os sem-roupa, mancomunados com os tuis. Deve ser um sinal para o revolucionário Kai Ho. Agora vou ter que apelar para medidas mais drásticas. Antes de mais nada serão exterminados os intelectuais incendiários. Procurem nesses livros e vejam se eles falam mal do Governo.
Sai com o Primeiro-Ministro.

Primeiro Homem Armado *ao Tui Médico* — O que é que tem aí nesse livro?

Tui Médico *trêmulo* — Tudo o que se deve saber sobre tuberculose ou sobre fraturas ósseas.

Primeiro Homem Armado — Fraturas ósseas? É um insulto! Pelo jeito deve estar dizendo besteiras sobre ossos fraturados. Isso vai contra a polícia. Prendam este homem.
Joga o livro no chão e pisa em cima.

Sen *tenta impedir* — Não estrague o livro, ele é útil.

Primeiro Homem Armado *derruba-o com um golpe* — Cão! Desafiou a força pública! *Para o Tui da Cultura Geral* — E que porcaria é essa? Confessa!

Tui da Cultura Geral — Saber, senhor capitão.

Primeiro Homem Armado — Saber sobre o quê? É coisa sobre o algodão, heim?

Tui da Cultura Geral *nega com a cabeça* — Esse assunto não pertence à cultura geral, senhor capitão.

Primeiro Homem Armado — Seus cachorros. Vocês são cúmplices dos incendiários. Rebelaram-se contra o Imperador.

Tui da Cultura Geral — Quando muito os grandes tuis, esses aqui não.

Primeiro Homem Armado — Não viram passar por aqui uns homens com archotes?

Tui da Cultura Geral — Passaram por aqui uns homens com braçadeiras.
Do outro lado vem voltando um Assaltante com faixa no braço e archote na mão.

Assaltante — Capitão, parece que dois partidários de Kai Ho foram vistos na Casa de Chá dos Tuis.

Primeiro Homem Armado — Como esse aí?
O Tui da Cultura Geral sacode a cabeça aterrorizado.

Primeiro Homem Armado — Vocês viram os homens com tochas?

Kiung *pondo-se à frente de Yao* — Nós não.

Yao — Mas esse tinha uma, Kiung.

Kiung — Não tinha nada. Era só um cassetete desses de polícia. Vamos embora, Yao. Su, vamos.

Primeiro Homem Armado — Viu mais algum como esse?

Yao — Sim, cinco. E isso aí também não é um cassetete.

Primeiro Homem Armado — Mas isso é. *Derruba-a a golpes e os Homens Armados arrastam-na.*

Tui da Vida Amorosa *ajuda Sen a levantar-se* — Não chore, meu menino, ele ainda está vivo. Foram eles mesmos que botaram fogo nos armazéns e estão prendendo todo mundo que viu.

Tui da Cultura Geral — E querem proibir esse livro que mal dá pra me sustentar. Uma boa droga. Onde não há nada contra eles, nem uma linha que diga a verdade. Só poetas lambendo o saco deles, os pensadores da nação que só pensam nos seus rendimentos. Droga! Droga! Droga!

Sen — Não se exalte. Você viveu disso.

Tui da Cultura Geral — Como um impostor!

Escrevente da Escola Tui *entra correndo, sangrando na cabeça* — Oh, Su, eu estava te procurando há horas.

Su *atirando-se em seus braços* — Oh, Wang! Eu não devia te abraçar, eu sei — *Aos outros* — É ele que eu amo. Desculpe, mas eu não posso fazer como diz no livro.

Tui da Cultura Geral — Por que você está ferido?

Escrevente da Escola Tui — Sou Escrevente da Escola Tui. Aliás, era. O Palácio da Associação dos Tuis também foi invadido pelos bandos de Gogher. Eles foram admitidos na polícia e receberam braçadeiras como distintivos. A Associação dos Tuis está sendo acusada de ter ofendido o Imperador, porque na Grande Conferência teria revelado um segredo de Estado. Neste momento estão queimando as três mil formulações sobre a história da China, só porque falam dos armazéns do século sétimo. Nu Shan foi enforcado porque teria espalhado que Gogher Gogh, chanceler há cinco horas, não sabe quanto é três vezes cinco. Até eu estou em perigo porque posso testemunhá-lo. E tudo porque Kai Ho já está na província de Setzuan.

Kiung *aos tuis* — Meus caros, o melhor é darem um jeito de se livrar dos seus chapéus.

Tui da Vida Amorosa — Mas como? Eu moro no outro lado da cidade.

Tui Economista *a Kiung* — Fique com o meu. Eu moro ainda mais longe.

Tui da Vida Amorosa — Eu pedi primeiro.

Tui Economista — Assim você está fazendo alguma coisa pelo espírito, senhorita.

Kiung — Dêem aqui, seus pobres diabos. *Esconde os chapéus sob a saia.* Se Sun me vê assim vai pensar que estou perdida e não vai querer me ver mais.

Tui da Cultura Geral — Mas as ligas não vão deixar isso acontecer. Agora eles vão se aliar.
Homens Armados trazem algemados o Delegado dos Camiseiros e o seu tui.

Um Homem Armado — Vamos te ensinar a fazer perguntas ao Imperador.

Delegado — Vai ter que ensinar para muita gente. *Apanha.*
Assaltantes trazem algemados o Delegado dos Sem-Roupa e o seu tui.

Assaltante — Você ainda insiste em suspeitar que o nosso chefe tenha mandado botar fogo nos armazéns? *Bate nele.*

Homem Armado — Ei, vocês aí! Venham já com a gente até os estábulos: são todos da mesma curriola.
Os Assaltantes dão meia-volta e levam os dois prisioneiros.

Delegado dos Sem-Roupa — A gente não sabia de nada!

Escrevente — Para onde a gente vai agora, meninas?

Kiung — Para a lavanderia. Talvez mamãe Ma mande alguém lá. Ela foi levada para o Palácio, pois seu filho Gogh virou ministro e talvez possa salvar a pobre Yao. Ela foi dizer a verdade de novo e eu não pude impedir. A gente devia levar também o velho. Pelos galos na sua cabeça vão ver que ele apanhou e aí prendem ele por terrorismo.

Sen *ao Tui Economista que arranca aflito certas páginas do seu livro* — O que é que você está rasgando aí?

Tui Economista — As páginas sobre baixas rendas.

SEN — Você me vende elas?

TUI DA CULTURA GERAL *aponta para si e fala em voz baixa* — Eu te entendo, meu velho. Mas tenho coisa melhor para você — *Tira um pequeno livro do bolso* — Não mostre a mais ninguém. É de Kai Ho.

SEN — É. Acho que vou comprar esse.

KIUNG — Em vez de fazer isso, venha com a gente para o subúrbio, meu velho. Se nem podendo ler está.

SEN — Outros podem. Aqui está o dinheiro que eu consegui pelo meu algodão. A viagem valeu a pena.

Dá a ele a bolsa de dinheiro e sai com as moças e o escrevente. O Tui da Vida Amorosa junta-se a eles, arrastando o seu livro. O Tui da Cultura Geral fica para trás, indeciso, com o Tui Médico, soluçando, agachado sobre seu livro pisoteado.

b

NO PAÇO IMPERIAL

As duas criadas de Turandot entram com uma banheira de cobre.

PRIMEIRA CRIADA *colocando a banheira no chão* — Não vou atravessar o paço assim. *Tira seu peitilho.*

SEGUNDA CRIADA — Se aquela cadela te vê assim, você entra no chicote.

PRIMEIRA CRIADA — Tanto ciúme por um idiota!

SEGUNDA CRIADA — Eu estava passando pelo corredor da sala de conferências que é apertadinho e deixei ele tirar um sarrinho em mim. Sabe o que ele disse? "Perdão". Princípios!

PRIMEIRA CRIADA — Ela diz que o ama porque ele é esperto.

Segunda Criada — Ela diz que ele é esperto porque é louca por ele.

Primeira Criada — Claro! Espertos tem muito. Mas não estadistas. *Saem carregando a banheira.*

9

DIANTE DA LAVANDERIA "FLOR DE AMÊNDOA"

Diante da lavanderia, sobre uma tina de madeira, está sentado o velho Sen. O menino lhe refresca a atadura da testa. Próxima a eles, Kiung reforma um chapéu tui. Do outro lado, diante de uma casa alta e estreita, está o armeiro, conduzindo certas operações que transcorrem invisíveis no primeiro andar à sua frente. Junto dele, o tui Ka Mu com pacotes de partituras musicais. O bairro é bem pobre.

Ka Mu — Senhor, tudo isso aqui são obras-primas. Eu preciso que o senhor guarde para mim enquanto eu estiver de viagem. Isso é música antiga. Está em perigo por não ser de origem chinesa, e o atual governo...

Armeiro — Não posso botar mais nada aqui embaixo. Já chega a estátua que me empurraram, uma deusa da justiça de dois andares. Foi preciso furar o teto — *Para alguém lá dentro* — Ei, vira devagar.

Ka Mu — E isso aqui é música contemporânea. Está sendo perseguida porque não é popular.

Sen — Não precisa. O povo não está preocupado em ser popular.

Armeiro *suspirando* — Está bem. Eu guardo no meu quarto. Mas só porque estão sendo perseguidas. *Convida-o a entrar na casa.*

Uma Mulher *gritando do andar superior* — Senhor Li Shang, desculpe por ela ter de ficar de cabeça para baixo, mas as crianças morrem de medo da cara dela.

Ka Mu *saindo sem os pacotes* — Obrigado! Obrigado! Abraça-o. O senhor está prestando um grande serviço à China. *Sai depressa.*

Sen — Quando eu era jovem como você, só queria escutar uma mesma melodia o tempo todo, que o carpinteiro da cidade tocava na flauta. Hoje quero mudar de música, sempre uma coisa nova.

Armeiro — Como é que podem querer acabar com uma coisa que deve ter dado um trabalhão pra fazer? Desenhar esse monte de bolinha?

A Mulher *da janela* — Vocês escutaram dizer que o "proibido" está a cem milhas da capital?

Sen — Não grite isso tão alto.
Ma Gogh entra com Yao.

Ma Gogh *gritando de longe* — Kiung! Su! Boa noite! Li Shang. Cá estamos de novo! *Kiung e Su saem de casa. Se abraçam.* Ela teve juízo o bastante para dizer aos bandidos que trabalhava na minha lavanderia. O que ela não me contou, o que eu vi me mostrou. Eu não ia aguentar mesmo de qualquer jeito. Gogh ficou maluco. Ele agora é que manda. Eu me orgulhava dele na antiga profissão, mas agora me envergonha. Lá no palácio queriam que eu me sentisse bem. Hoje cedinho eles botaram lá no meu quarto, onde cabe, folgado, umas quinze mulas, uma tina de cobre lá do museu, em cima daquele tapete azul. E o primeiro ministro disse: "Venerável mulher, seu iluminado filho diz que a senhora só se sente bem quando está lavando roupa. Por favor, lave de todo coração". Eu enfiei-lhe um pontapé, coisa que não devia ter feito. Depois que ele saiu, veio um criado e me ofereceu o traseiro para eu chutar de todo o coração. A única pessoa sensata em todo o palácio é a Mãe do Imperador, que me contou o que ela acha do filho e me explicou como se prepara um certo tipo de bolo. E ainda dizem que ela é doida! Eu anotei a receita para o Gogher. Para o chá! Quem é esse aí?

Kiung — É o senhor Sha Sen, da zona algodoeira, que veio para estudar na capital.

Sen *desculpando-se* — Me disseram que eu não tenho cabeça para isso, mas esses galos podem provar que eu tenho.

Su — Que galos horríveis!

Yao — Não são tão horríveis assim e vão sarar logo.

Kiung *abraça-a* — Você é tão mal-educada, Yao.
No primeiro andar se rasga um papel que cobre uma janela, saindo para fora uma enorme mão, de onde pende uma balança de cabeça pra baixo.

Armeiro — Tenha cuidado, seus patetas.

Uma Voz *de dentro* — Não tem lugar para o braço.

Sen — Eles estão salvando o patrimônio cultural, ou seja lá como for o nome disso. No portão oriental eu encontrei um tui diante de um templo que dentro tinha um deus invisível. Aposto que ele vai puxá-lo por uma corrente até o subúrbio, para ser guardado.
Três Sem-Roupa saem da casa estreita com grandes embrulhos. De repente, eles se põem a correr.

Eh Feh *puxando Sen pelo braço* — Soldados, vovô!
Todos entram depressa nas casas. O armeiro consegue ainda atirar pela janela do primeiro andar um tapete, que cai sobre o braço da Justiça na hora em que dois homens armados descem patrulhando a rua. Quando eles passam, ouve-se o grito de um vendedor ambulante: "Algodão, algodão! Vende-se algodão. Algodão dos armazéns do inimigo público Jau Jel!" Da janela do andar de cima, a mulher espia. Descendo a rua, surge o vendedor ambulante com um carro cheio de tecidos de algodão, escoltado por um homem armado.

Vendedor — Algodão! Algodão! Algodão encontrado nos armazéns em chamas do recém-condenado Jau Jel! A metade de uma colheita anual destruída pelo fogo! Os preços estão subindo! Comprem logo antes que eles fiquem proibitivos! *Como ninguém aparece, ele prossegue. Ouve-se ainda por um tempo seu "Algodão! Algodão!"*

MULHER — Agora pode ficar com ele. A gente não tem nem o que comer. E o que dirá sapatos? Não faz mal. O "proibido" já vai conseguir tudo para nós.
Bate a janela. Su e o escrivão vêm para fora.

ESCREVENTE — Não chora. Só um pouquinho essa noite. Mas amanhã chega de lágrimas. Promete.

SU — Amanhã também.

ESCREVENTE — Está bem. Se em três semanas eu não tiver voltado, é porque tive que fazer um desvio de rota.

SU — Como é que você vai encontrar o caminho? Ainda mais com esse sapato velho.

ESCREVENTE — Conheço um tecelão do outro lado que também vai partir hoje com mais três. E já tem milhares por lá.

SU — Mas seus sapatos não prestam, Wang. O que é que a gente vai fazer?

SEN *saindo com o menino e Kiung* — Será que você podia esperar mais um tempo. Aí quem sabe a gente podia ir junto.

SU — Mas vocês vão para o norte e ele só vai mesmo aqui por perto. Os sapatos dele não prestam mais. Como é que ele pode ir longe?

SEN — Se os sapatos não prestam, não prestam nem aqui para perto.

KIUNG — Pelo menos ele vai ganhar um lenço para agasalhar as costas.
Dá a ele o seu novo lenço de cabeça.

Sen — Não vá parar pelo caminho a cada injustiça. É perigoso. O rio inunda o vale, mas a represa se constrói na montanha.

Escrevente — Será que o senhor não quer vir comigo? Mas tem que ser logo, porque eles estão me esperando.

Sen — Eu não posso. Ainda tenho que meditar um pouco.

Escrevente — Vou pelo portão tibetano. Adeus. *Sai pelo fundo.*

Su — Até amanhã, Wang.
Volta a entrar em casa. Dois Sem-Roupa batem à porta do Armeiro, que os deixa entrar.

Armeiro — Mal posso sentar para comer, por causa dessa maldita cultura. E no andar de cima ela sai pelo buraco do chão, por onde ainda entra uma corrente de ar. E lá vem mais outros de cabeça descoberta.
Desaparece depressa. Chegam quatro tuis: Wen, Gu, Shi ka e Mo Si.

Gu — Ah, o senhor ainda está por aqui, senhor A Sha Sen? É aqui o Armeiro onde se pode guardar objetos de valor?

Kiung — Ele já está com a casa cheia. E como é que vocês podem andar por aí de cabeça descoberta? Todo mundo sabe que vocês não tinham outra coisa mais do que os chapéus de tuis e agora vão prender os que andam sem nada na cabeça.

Wen — É terrível! Fecharam a Casa de Chá. A inteligência está sem um lar.

Gu — Mas temos de encontrar um lugar. Se a China perder suas obras de arte, vai mergulhar na barbárie. *Batem na porta da casa estreita.* Ele nem abre mais a porta. *Mostra aos outros uma tela enrolada.* Esse é um Pi Jeng, século XII. As colinas de Hoang Ho. Vejam só estas linhas. Vejam esse azul. E querem destruir uma coisa dessas.

Kiung — Por quê?

Gu — Dizem que as colinas não são assim na realidade. *Mostra a pintura a Sen.*

Sen — É verdade. As colinas não são assim. Não exatamente assim. Mas se para todo mundo elas fossem assim, não precisava de quadro. Quando eu era criança, meu avô me mostrou como é uma salsicha. É dessa mesma maneira-de-explicar-as-coisas que o pintor me mostra como são as colinas. É claro que eu não entendo elas do mesmo jeito. Mas eu penso: se um dia eu tornar a subir uma colina vou apreciá-la mais, vou gostar mais dela do que antes. Talvez tenha linhas como essas e seja azul.

Gu — É. Talvez. Mas não temos tempo para divagações. Chamem o Armeiro, senhoras. Esse Pi Jeng é do Museu Imperial.

Sen — Se tivessem nos entregado antes, estaria mais seguro!

Ma Gogh *aparece à porta* — Eu escondo para vocês. Gogher não pode por as mãos nele. Ia despedaçá-lo. Bem que podiam ter queimado o meu ventre.

Kiung — Ela é a mãe do chanceler.

Ma Gogh — Não precisam ter medo. Vou deserdá-lo. Dê aqui o quadro. Ele acha que entende de tudo, e agora é quem está mandando. Azar dos quadros que ele seja pintor.

Shi Ka — Os arquitetos também estão com medo.

Ma Gogh — Claro, meu filho também é arquiteto.

Wen — Teria sido melhor se tivéssemos estudado ciências.

Ma Gogh — Acho que não. Ele é o maior cientista de todos.

Mo Si *mostra a ela um globo* — Será que a senhora não podia guardar este globo terrestre aqui embaixo? Que a terra seja redonda é uma coisa que pode ter importância algum dia.

Eh Feh *puxa Sen pela manga* — Vovô, um homem armado.

Os Tuis — Não podem nos ver. Estamos sem chapéu.

Ma Gogh — Dá aqui o globo.
Entra em casa com o globo e o quadro. Os tuis saem correndo, menos Mo Si, que se atrasa.

Segundo Guarda-Costas *chega procurando* — O que vejo com meus olhos de lince? Um tui. Onde está o seu chapéu? Ora, desta vez não precisa ter medo. Venha cá. Some daqui, Kiung, sua bostinha. *Referindo-se a Sen.* Você tem cada hóspede esquisito na lavanderia!

Sen — Eu sou um camponês pacífico e me sentei aqui só para meditar um pouco. Sabe, comigo isso toma tempo.

Kiung — Não se atreva a entrar. Mamãe Ma Gogh te enfia uma chaleira na fuças. *Veste o novo chapéu coquete e vai para dentro de casa.*

Segundo Guarda-Costas *confidencial a Mo Si* — Como se chama?

Mo Si — Sou Mo Si, o Rei da Desculpa.

Segundo Guarda-Costas — Ótimo. Estamos mesmo precisando de uma coisa, não é muito, mas... Como é mesmo o nome daquilo que vocês fazem?

Mo Si — Uma formulação?

Segundo Guarda-Costas — Iiiisso. O chefe, certo? Vai casar, certo? Fecha a boca. Por que ele não poderia casar com ela, certo? Mas ele não pode mesmo, certo? Um cínico de sorriso falso, certo? Então o que ele diz para ela? Venha e vomite isso para ele. *Leva-o embora consigo.*
Os Sem-Roupa saem com grandes embrulhos da casa do Armeiro. Um deles deixa cair o seu, que se desfaz. São fuzis e sabres. Olham aterrorizados para Sen, que, por sua vez, sorri e pisca para eles. Fecham o embrulho e saem correndo.

Sen — Eh Feh, acabei a minha meditação. Amarre meus sapatos. Os pensamentos comprados aqui fedem. No país reina a injustiça e na Escola Tui se aprende que tem que ser assim. É verdade que aqui se constroem pontes de pedra sobre os mais caudalosos rios: mas por elas passam os poderosos em sua boa-vida e os pobres em sua servidão. É verdade que existe uma arte de curar, mas uns são salvos para continuar cometendo injustiças e outros para que se matem trabalhando para aqueles. Vende-se opiniões como se vende peixe. Por isso o pensamento caiu em descrédito. Se alguém diz "ele pensa", imagina: que maldade estará inventando? No entanto, pensar é a coisa mais útil e agradável que existe. Mas o que aconteceu com o pensamento? Tem, é claro, Kai Ho. Está aqui o livro dele. Tudo o que sei dele até agora é que os idiotas dizem que ele é um idiota e os corruptos que é um corrupto. Mas lá por onde ele andou e pensou, existem campos imensos de arroz e algodão, e as pessoas, ao que parece, estão satisfeitas. Se essa gente está satisfeita é porque alguém pensou, Eh Feh, é sinal que esse alguém deve ter pensado bem. Nós não vamos voltar para casa, Eh Feh, ainda não. Mesmo que estudar o que eu agora pretendo me custe a vida. As coisas boas são caras.

Eh Feh — Não deveriam ser exterminados a fogo e sangue, vovô?

Sen — Não, com eles é como com a terra. É preciso decidir antes o que se quer dela, trigo ou mato. E para isso é preciso ter a terra.

Eh Feh *desalentado* — Quer dizer que os tuis vão continuar a existir mesmo quando Kai Ho tiver distribuído as terras?

Sen *ri* — Não por tanto tempo assim. Vamos todos ter grandes campos e então todos vamos poder fazer grandes estudos. E sobre como fazer para conseguir as terras, está escrito aqui.
Sen pega seu livrinho e começa a folheá-lo. Os dois saem pelo fundo. Kiung sai da lavanderia.

Kiung *grita para eles* — Espere, vovô, sua terra fica para lá. Pegou o caminho errado!

Sen — Não, acho que peguei o certo, Kiung.

10

NO VELHO TEMPLO MANCHU

Para cima e para baixo entram e saem marchando pequenos destacamentos de soldados e assaltantes armados até os dentes. Os Assaltantes têm faixas nos braços. Enquanto isso, chega o Primeiro-Ministro e interroga os Soldados.

Primeiro-Ministro — Novas notícias sobre a posição do rebelde?

Capitão — Ainda não.

Primeiro-Ministro — Mandaram sub-oficiais competentes para acompanhar os espiões?

Capitão — Perfeitamente, Excelência.

Primeiro-Ministro — E espiões de confiança para acompanhar os sub-oficiais?

Capitão — Perfeitamente, Excelência.

Primeiro-Ministro — E ainda assim nada de notícia?

Capitão — Nada, Excelência.

Primeiro-Ministro — Estou plenamente confiante, senhor Capitão.

Capitão — Perfeitamente, Excelência.
O Primeiro-Ministro sai e em seguida os Soldados. Entra o Ministro da Guerra e o Tui da Corte, este último sem o chapéu tui.

Ministro da Guerra — Já soube do último escândalo? Parece que

o Inominável executou com suas próprias mãos o Tui Menor que ele tinha enviado para dar umas explicações à Sua Alteza Imperial, e que teria ficado fechado com ela durante duas horas. Dizem que quando saiu de lá ele sabia onde estava o algodão. Hahaha!
O destacamento retorna.

MINISTRO DA GUERRA — Repita suas instruções.

CAPITÃO — O dito cujo será preso impreterivelmente antes da cerimônia.
Saem os dois, e, atrás deles, os Soldados. Entra, com um destacamento de Assaltantes, luxuosamente trajado, Gogher Gogh.

GOGHER GOGH *ao Primeiro Guarda-Costas* — Repita suas instruções.

PRIMEIRO GUARDA-COSTAS — Prender todo mundo depois da cerimônia!

GOGHER GOGH — Seu irmão fez parte da minha guarda hoje de manhã. Falou com ele depois disso? *O Primeiro Guarda-Costas nega com a cabeça.* Isso é bom. Ele atirou em uma pessoa. Mande esquartejá-lo imediatamente, entendido? E naturalmente que os tambores toquem forte para não se ouvir o que ele diz.

PRIMEIRO GUARDA-COSTAS — Perfeitamente, chefe.

GOGHER GOGH *pega o punhal de seu companheiro escondendo-o na manga* — Vou precisar dele. Neste palácio só tem emboscada e traição. E mais: assim que terminar o casamento você apanha a capa manchu e bota nas minhas costas. Ninguém vai se atrever a tocar em mim enquanto eu estiver com ela, a não ser, talvez, um completo degenerado. Eu já vou ensinar ao safado desse Imperador que, na hora do perigo, não se pode simplesmente ir fazendo as malas e me deixar pendurado.
Entra o Imperador com o Primeiro-Ministro e o Ministro da Guerra, seguidos pelo Capitão e seus homens.

IMPERADOR — Meu caro Gogh, eu me atrasei um pouco. Tinha

que assinar umas medidas extremamente severas, como é de costume em situações como essa.

Gogher Gogh — Queira, por favor, invalidar as medidas.

Imperador — Como? Ah, sim, validar as medidas, claro. E aí está chegando a noiva.
Entra Turandot com o Tui da Corte e suas Criadas. Reverências.

Turandot — Papai, acabei de conhecer um homem muito simpático e quero me casar com ele. Não estou falando do tui de ontem à noite, aquele da Casa de Chá. Esse também era inteligente e fiquei muito chateada com o que você fez a ele, Gogher. Você faz questão de ser grossseiro. Mas não é dele que eu estou falando, e sim de um oficial que me explicou como o palácio deve ser defendido, pois considero a situação muito grave e não há mais tempo a perder. Posso me casar com ele?

Imperador — Não.

Turandot — Por que não? Não é um namorinho, é uma coisa mais profunda. O importante agora é defender cada polegada do palácio. Ele é o genro ideal pra você; entende muito de cavalos. *Um oficial acaba de entrar e tenta se fazer entender pelo Ministro da Guerra. É repelido porque Turandot está falando.* Um exército sem cavalaria, papai...

Imperador — Eu não posso deixar a defesa do palácio por conta dos cavalos. Vamos logo à cerimônia.
Sai o oficial.

Turandot — Papai, é muita estupidez sua. Mas você tem que aceitar, Gogher. Dói um pouquinho no começo, mas a vida continua, e os seus ferimentos de guerra estarão logo curados. Só te peço um único favor — não seja tão duro na queda. Posso, papai?

Imperador *ríspido* — Eu já disse que não — *A Gogher Gogh* — É claro que se você quiser desistir...

GOGHER GOGH — Majestade, Alteza Imperial. Neste momento histórico aqui estamos, comovidos, diante do sarcófago do Primeiro Imperador Manchu. Sou um homem simples. Não tenho habilidades oratórias. Mas Vossa Majestade confiou ao filho do povo a missão de defender o trono. E Vossa Alteza Imperial me concedeu seu coração. Não fica bem deixar de corresponder a essa confiança, principalmente num momento tão difícil, quando nada é mais importante do que a confiança. Quando o ilustre e finado irmão de Vossa Majestade, que Deus o tenha, num acesso de fatal desvario, botou em jogo a honra da família imperial, eu, com punho de aço, tomei imediatamente os armazéns em questão, e consegui resgatar, e só dessa maneira, a confiança do povo. *Um oficial, com a cabeça enfaixada, procura falar com o Ministro da Guerra.*

OFICIAL — Kai Ho... no portão tibetano...

GOGHER GOGH *continua nervosamente* — Agora vou falar mais a fundo nos acontecimentos das últimas semanas. Não se tratava só de algodão, como muita gente pensa. Certas pessoas, que só falavam de algodão da manhã à noite, só com a intenção de destruir a confiança do povo, já tiveram o merecido castigo. *A um gesto do Ministro da Guerra os Soldados se retiram.* E graças a minha enérgica intervenção que, de agora em diante, Imperador e povo estarão unidos numa aliança nunca dantes...

TURANDOT — Papai, eu não vou fazer isso...

IMPERADOR — Cala a boca! Senhor Gogh, um comunicado extraordinário sugere ser oportuno concluir a cerimônia o quanto antes, ou mesmo adiá-la.

GOGHER GOGH — Nem pensar! Assim sendo, eu me responsabilizo pela proteção de sua pessoa, assim como de Sua Alteza Imperial...

IMPERADOR — Senhor Ministro da Guerra...

Ministro da Guerra — Meus senhores, visivelmente a situação se agravou. *Ao Imperador.* Acabo de dar ordens à Guarda Imperial para guarnecer os portões do palácio.

Imperador *enquanto os assaltantes de Gogher Gogh ocupam as portas* — O quê? O senhor mandou eles embora? Mas eles tinham ordens de ...

Gogher Gogh — Tragam as chaves! Onde está o guardião do templo?

Primeiro Guarda-Costas — Deve ter dado no pé! *Ele força a porta do templo e ela abre.* Não está trancada.
Gritos de fora. Vê-se o interior do templo. A capa do Imperador Manchu desapareceu.

Primeiro Guarda-Costas — Traição! A capa sumiu!

Imperador — Cortaram a corda.

Primeiro-Ministro — O guardião desapareceu. Foi ele quem roubou.

Gogher Gogh — Meus senhores, vamos logo ao casamento. Felizmente este pequeno incidente não significa nada.

Turandot — Ele deve ter tido frio, papai.

Imperador — Mas era uma capa ordinária, toda remendada.

Gogher Gogh — Mesmo o ordinário é raro hoje em dia. Se o senhor não tivesse escondido o algodão. Ao casamento, senhores!
Tambores ao longe. Turandot dá um grito estridente.

Imperador — Não fui eu. Foi Jau Jel.
Júbilo da multidão.

Um Soldado — Foram todos vocês! E agora, fora daqui todo mundo.

A Antígona de Sófocles

Die Antigone des Sophokles
Escrita em 1948

Tradução: Angelika E. Köhnke e Christine Roehrig

Adaptação para teatro baseada na tradução de Hoelderlin
Colaboração: Caspar Neher

PERSONAGENS

Personagens do prelúdio:
DUAS IRMÃS
SOLDADO DA SS

Personagens da Antígona:
ANTÍGONA
ISMÊNIA
CREONTE
HÉMON
TIRÉSIAS
GUARDA
ANCIÃOS DE TEBAS
MENSAGEIROS
CRIADAS

Sai da penumbra e segue
À nossa frente por um tempo
Amigável, com o passo leve
Dos determinados, terrível
Aos terríveis.

Apartada, bem sei
Como temeste a morte, mas
Mais ainda temeste a
Vida indigna.

Ao poderoso nada deixaste
Passar, e não te conciliaste
Com os embromadores, nem
Esqueceste a injúria e sobre a atrocidade
A grama não cresceu
Salut!

PRELÚDIO

Berlim, abril de 1945. Alvorada. Duas irmãs saem do refúgio antiaéreo e voltam para casa.

A Primeira
> E quando retornamos do refúgio antiaéreo
> A casa iluminada pelo fogo, incólume e mais clara
> Do que na luz da manhã
> Foi a minha irmã quem viu primeiro.

A Segunda
> Irmã, por que a nossa porta está aberta?

A Primeira
> Decerto foi pelo estouro das bombas.

A Segunda
> De onde vem esse rastro na poeira?

A Primeira
> Deve ser de alguém que saiu correndo.

A Segunda
> Que mochila é essa no canto?

A Primeira
> Melhor ter coisa a mais do que faltando.

A Segunda
> Olha, um pedaço de pão e um presunto!

A Primeira
> Isso me assusta.

A Segunda
> Irmã, quem é que esteve aqui?

A Primeira
> Como vou saber? Alguém que quis nos oferecer algo de bom.

A Segunda
>   Mas eu sei! Ah, nós descrentes! Ah fortuna!
>   Oh irmã, é o nosso irmão que está de volta!

A Primeira
>   E nós nos abraçamos e nos sentimos felizes
>   Nosso irmão estava na guerra e passava bem
>   E cortamos o presunto e comemos do pão
>   Que ele trouxera para saciar a nossa fome

A Segunda
>   Pegue mais, irmã, você dá duro lá na fábrica.

A Primeira
>   Não, não tanto como você.

A Segunda
>   Para mim é mais fácil, corte mais fundo!

A Primeira
>   Eu não.

A Segunda
>   Como ele pôde vir?

A Primeira
>   Com a tropa.

A Segunda
>   Onde será que está agora?

A Primeira
>   No combate.

A Segunda
>   Oh.

A Primeira
>   Mas não estamos ouvindo sinais de combate.

A Segunda
    Eu não devia ter perguntado.

A Primeira
    Eu não quis deixar você preocupada
    E quando nos calamos, um ruído do outro lado da porta
    Alcançou nossos ouvidos, e gelou o nosso sangue.
Berros de fora.

A Segunda
    Tem alguém gritando, irmã; vamos até lá ver.

A Primeira
    Fique aqui dentro; quem quer ver é visto.
    Assim não fomos até a porta e
    Não vimos o que acontecia lá fora.
    Mas não mais comemos e não mais nos olhávamos.
    E, caladas, nos forçamos a ir
    Ao trabalho, como em todas as manhãs.
    E a minha irmã foi pegar a marmita e eu
    Lembrei de guardar a mochila do meu irmão no armário
    Onde ficam as coisas velhas dele.
    E ali foi como se o meu coração parasse
    Ali, pendurado no cabide o uniforme de soldado.
    Irmã, ele não está no combate
    Ele conseguiu escapar
    Na guerra ele não está mais.

A Segunda
    Os outros ainda estão, mas ele não.

A Primeira
    Eles tinham enviado ele para a morte.

A Segunda
    Mas ele conseguiu se safar.

A Primeira
    Porque ali havia um pequeno buraco.

A SEGUNDA
    E foi por ali que ele fugiu.

A PRIMEIRA
    Outros ainda estão lá dentro, mas ele não.

A SEGUNDA
    Na guerra ele não está mais.

A PRIMEIRA
    E nós começamos a rir felizes:
    Nosso irmão não estava na guerra e passava bem.
    E ainda de pé, um ruído alcançou os nossos
    Ouvidos, e congelou o nosso sangue.
Um berro de fora.

A SEGUNDA
    Quem é que está gritando na frente da nossa porta, irmã?

A PRIMEIRA
    Estão torturando gente de novo.

A SEGUNDA
    Irmã, não é melhor a gente ir ver?

A PRIMEIRA
    Fique aqui dentro; quem quer ver é visto.
    Assim esperamos por um tempo e não fomos
    Ver o que se passava do lado de fora.
    Então tivemos que ir ao trabalho e aí
    Fui eu quem viu diante da porta.
    Irmã, irmã, não vá lá para fora.
    O nosso irmão está na frente da casa.
    Mas ele não conseguiu se safar.
    Ele está pendurado num gancho, ai.
    Mas a minha irmã foi lá ver
    E não conseguiu conter um grito.

A SEGUNDA
    Irmã, eles o penduraram

Era ele quem gritava pedindo ajuda.
Me dê a faca, rápido, a faca
Para que eu possa tirá-lo de lá.
Para que eu o carregue para dentro
E o traga de volta para a vida.

A PRIMEIRA
Irmã, deixe a faca onde está
Você não vai conseguir devolvê-lo à vida.
Se nos virem junto dele
Farão conosco o que fizeram com ele.

A SEGUNDA
Me deixe, eu já não fui
Quando eles o penduraram.

A PRIMEIRA
E quando ela estava indo para o portão
Apareceu um soldado da SS.
Entra um soldado da SS.

SOLDADO DA SS
Ele lá fora e vocês aqui?
Apanhei-o saindo da porta de vocês.
Então deduzo que vocês
Conhecem aquele traidor do povo.

A PRIMEIRA
Caro senhor, não pode nos incriminar
Porque não conhecemos aquele homem.

SOLDADO DA SS
Então o que ela pretende com essa faca?

A PRIMEIRA
Aí olhei para a minha irmã.
Deveria ela em busca da própria morte
Ir lá fora e libertar o meu irmão?
Talvez ainda não estivesse morto.

ANTÍGONA

Diante do palácio de Creonte. Alvorada

ANTÍGONA *juntando poeira em um jarro de ferro*
   Ismênia, irmã, broto gêmeo
   Do tronco de Édipo, sabes de alguma
   Aberração, triste labuta, infâmia
   Que o Pai da Terra ainda não tenha imposto
   Sobre nós que vivemos até aqui?
   Na guerra sem fim, um entre muitos,
   Caiu Etéocles, nosso irmão. Nas fileiras do tirano
   Tombou jovem. E, mais jovem que ele, Polínices
   Vendo o irmão pisoteado pelos cascos dos cavalos, chorando
   Abandona o combate inacabado, porque
   O espírito da guerra não favorece a todos por igual,
   Quando nos instiga, acenando-nos com os direitos
   Logo que o fugitivo, manchado com o sangue do irmão,
   Em sua fuga precipitada, cruza os riachos de Dirce e,
   Aliviado, avista as Sete Portas de Tebas,
   Creonte, que incita a batalha por trás,
   Alcança-o e o retalha.
   Te disseram, ou não, o que
   Mais deve pesar sobre a estirpe
   Quase extinta de Édipo?

ISMÊNIA
   Não fui ao mercado hoje, Antígona.
   Nenhuma notícia dos entes queridos chegou a mim.
   Não ouvi nada de ameno nem de triste
   E não estou mais feliz e nem mais desanimada.

ANTÍGONA
   Então ouça-o da minha boca. E se o teu coração
   Deixar de bater, se bater mais forte
   Na desgraça, demonstra-o a mim.

ISMÊNIA
   Juntando poeira, antecipas, me parece,
   Notícia sangrenta.

ANTÍGONA
> Então escuta: os nossos irmãos
> Os dois arrastados para a guerra de Creonte,
> Contra a longínqua Argos em busca do
> Metal de suas minas, ambos tombaram.
> Mas não receberão ambos o manto da terra.
> Etéocles, que não temeu o combate, dizem, deverá
> Receber honras e ser enterrado conforme os ritos.
> Mas o outro, que morreu morte miserável,
> O corpo de Polínices, dizem, que um edital da cidade
> Proclamou que ninguém poderá enterrá-lo ou lamentá-lo.
> Deverá ser abandonado sem sepultura e sem leito
> Fácil banquete dos pássaros. E quem porventura
> Isso desrespeitar, será apedrejado.
> Agora diga-me o que farás.

ISMÊNIA
> Estás me colocando à prova, irmã?

ANTÍGONA
> Pergunto se me ajudaria.

ISMÊNIA
> Em que temeridade?

ANTÍGONA
> Enterrar o morto.

ISMÊNIA
> A quem Tebas renunciou?

ANTÍGONA
> Àquele a quem ela renegou.

ISMÊNIA
> Aquele que se rebelou!

ANTÍGONA
> Sim. O meu irmão e teu também.

ISMÊNIA
    Irão te apanhar na ilegalidade, irmã.

ANTÍGONA
    Mas na infidelidade
    É que não irão me apanhar.

ISMÊNIA
    Infeliz, estás tentada
    Agora a reunir embaixo da terra a todos
    Nós da estirpe de Édipo?
    Abandona o passado!

ANTÍGONA
    És mais jovem, menos horrores
    Tens visto. Passado abandonado
    Jamais se torna passado.

ISMÊNIA
    Pensa: nós nascemos mulheres
    E não podemos competir com os homens
    Por nos faltar a força, temos que obedecer a eles
    Não só nisso mas em coisas bem mais difíceis. Então
    Peço aos mortos que só a terra oprime
    Que me perdoem; submissa à violência
    Obedeço a quem manda. Fazer o que é inútil
    Não é sábio.

ANTÍGONA
    Não mais insistirei.
    Segue aquele que manda e faz
    O que ele ordena. Mas eu
    Seguirei o costume e darei sepultura ao irmão.
    Se vou morrer por isso, o que me importa?
    Sossegada deitarei ao lado dos que
    Repousam em paz. Terei cumprido
    Um ato sagrado. E depois prefiro agradar
    Aos que estão embaixo do que aos de cima
    Porque é lá que morarei para sempre. Mas tu
    Aceita a infâmia e vive.

Ismênia
>   Antígona, sofrer
>   Vergonha atroz é amargo, mas
>   O sal das lágrimas é limitado.
>   O fio do machado
>   Encerra docemente a vida, mas, aos que ficam,
>   Abre a veia da dor. Não poderá descansar
>   No grito de lamento. E mesmo assim, mesmo gritando, ouvirá
>   Acima de si o barulho dos pássaros, e
>   Os velhos olmos e os telhados familiares
>   Irão surgir através do véu de lágrimas.

Antígona
>   Eu te odeio. Mostras-me
>   Sem pudor o avental esburacado dos restos
>   De um lamento superado? A carne
>   Da tua carne ainda está sobre a pedra nua
>   Exposta às aves de rapina, e para ti
>   Já é passado.

Ismênia
>   É só que
>   Não sirvo para me rebelar; sou acanhada
>   E temo por ti.

Antígona
>   A mim não aconselhes! Vive com a tua vida!
>   Deixa que eu faça o mínimo necessário
>   Para honrar a minha vida onde ela foi desonrada.
>   Não sou tão sensível assim, espero, que não possa
>   Morrer morte inglória.

Ismênia
>   Então vai com teu pó. Embora insensata,
>   Tua fala é cheia de ternura.

Antígona sai com o jarro. Ismênia entra no palácio. Entram os Anciãos.

Anciãos
>   Mas veio a vitória a Tebas com grandes saques

Com os carros repletos de riquezas
E acabada a guerra, cabe agora esquecê-la!
Varam a noite cantando,
Corais de todos os templos
Venham! Que Tebas, nua com tanga de louros,
Seja sacudida pela roda de Baco.
Mas Creonte, filho de Meneceus, se apressou decerto
Em vir do campo de batalha, para anunciar as riquezas e
Enfim o retorno dos guerreiros, já que nos convocou
E ordena aqui a assembléia aos anciãos.
Creonte sai do palácio.

CREONTE
Cidadãos de Tebas, compartilhem com todos: Argos
Já não existe. A conta está saldada.
De onze cidades
Poucas escaparam, a minoria!
Como se diz de Tebas: a sorte
Sempre te vem em dobro; e
O infortúnio não te abala; pelo contrário, abala-se
A si mesmo. A tua espada sedenta
Saciou-se à primeira bebida. Não lhe foi negado
Beber novamente. Tu, Tebas, deitaste em áspero leito
O povo de Argos. Sem cidade, nem tumba
Repousam ao vento aqueles que riram de ti.
E olhas para
Onde outrora era uma cidade
E só vês os cães
Com brilho no semblante.
Ali se reúnem os mais nobres abutres; eles vão
De cadáver a cadáver
E de tão saciados da farta refeição
Não conseguem alçar vôo.

ANCIÃOS
Pintas lindo quadro do tão violento, senhor.
E, transmitido, agradará ainda mais a cidade
Se vier acompanhado de algo mais: os carros de guerra
Percorrendo as ruas, trazendo os nossos filhos!

CREONTE
>   Breve, amigos, breve! Mas vamos tratar dos nossos assuntos!
>   Ainda não me vides pendurando a espada no templo.
>   Pois o meu chamado teve duas razões:
>   Primeiro, porque sei que vocês
>   Não cobrarão do Deus da Guerra
>   As rodas que o seu carro necessita para derrotar o inimigo,
>   Nem reclamam o sangue dos filhos derramado na batalha,
>   Mas retornando enfraquecido ao teto seguro
>   Começam as cobranças. Nessa hora peço que comprovem
>   Que as baixas de Tebas não superaram
>   As das outras vezes. E também, porque
>   Tebas, por demais misericordiosa, salva novamente,
>   Se apressa para enxugar o suor
>   Dos que retornaram ofegantes, e não repara
>   Se o suor é dos que combateram furiosamente
>   Ou se é do medo misturado à poeira em fuga.
>   Por isso cubro, e estou seguro que vocês aprovarão,
>   Etéocles, que morreu defendendo a cidade,
>   Com honrosa sepultura.
>   Mas o frouxo do Políníces, parente dele e meu
>   E amigo do povo de Argos,
>   Como este deverá ficar sem sepultura.
>   Como este, foi inimigo meu e de Tebas.
>   Por isso também não quero luto
>   Que permaneça sem sepultura, sendo visivelmente
>   Dilacerado pelos pássaros e cães.
>   Pois quem considera mais que a pátria
>   A própria vida, este não tem valor algum.
>   Quem porém tiver boas intenções com minha cidade, morto
>   Ou vivo, sempre terá o meu reconhecimento.
>   Espero que vocês aprovem minha decisão.

ANCIÃOS
>   Aprovamos.

CREONTE
>   Cuidem então para que o dito seja cumprido.

Anciãos
    Entregue esse dever aos jovens!

Creonte
    Não é isso. Meus guardas já estão a postos,
    Velando os cadáveres lá fora.

Anciãos
    Devemos então vigiar os vivos?

Creonte
    Sim. Porque existem certas pessoas que carecem de vigília.

Anciãos
    Aqui não existe ninguém tão louco, que aprecie morrer.

Creonte
    Não abertamente. Mas há quem também já
    Sacudiu tanto a cabeça que acabou por perdê-la.
    E isso me leva a concluir: infelizmente é preciso fazer mais.
    A cidade precisa ser limpa...
Entra um guarda.

Guarda
    Senhor!
    Meu soberano, ofegante, a mais rápida notícia
    Apresso-me em transmitir. Não pergunteis por que
    Não vim mais rápido, porque não sei se o pé adiantou-se à cabeça
    Ou se foi a cabeça que puxou o pé. Ia me perguntando
    Para onde estava indo e por quanto tempo ainda, debaixo
    Do sol, sem fôlego, mas de qualquer maneira
    Eu seguia avançando.

Creonte
    E por que tão ofegante e tão hesitante?

Guarda
    Não escondo nada. Me pergunto por que,
    Não dizer logo aquilo que não fiz.
    E também não sei, porque nem ao menos sei

Quem foi o autor. Castigar severamente
Alguém que sabe tão pouco seria
Desencorajador.

CREONTE
Tomas muitas precauções. Solícito emissário
Do teu próprio delito, exiges os louros
Pelo esforço das tuas pernas.

GUARDA
Senhor
Incumbiste a tua guarda de grande missão
Mas as grandes missões exigem grandes esforços.

CREONTE
Então fala de uma vez e segue o teu caminho.

GUARDA
Então direi. Alguém
Enterrou o cadáver, cobrindo sua pele com pó,
Para que o abutre não o consumisse.

CREONTE
O que dizes? Quem teve essa audácia?

GUARDA
Eu não sei. Não havia nenhum sinal de picareta
E nenhuma marca de pá. E o chão estava liso,
Sem sinal de rodas.
Sem vestígio de quem foi. Não havia sepulcro
Apenas poeira fina, como se temendo desafiar a ordem
Não tivesse trazido poeira suficiente.
Também não havia pegadas de feras
Nem de cão que quisesse despedaçar o corpo.
Quando despontou o dia e descobrimos o que
Havia acontecido, surpreendeu-nos a todos.
E foi a mim que a sorte designou comunicá-lo, a ti, soberano
E ninguém aprecia o portador de más notícias.

ANCIÃOS
>Oh Creonte, filho de Meneceus,
>Não poderia ser isso obra dos deuses?

CREONTE
>Deixeis disso. Não aumenteis a minha ira dizendo
>Que os espíritos iriam acariciar o covarde
>Que permitiu friamente que seus templos
>Fossem profanados e suas oferendas queimadas.
>Não, há na cidade quem não
>Concorda comigo. Murmuram
>E quando arreados se recusam
>A dobrar a nuca ao meu jugo. São eles, bem sei,
>Que por meio de suborno corrompem as sentinelas.
>Porque dentre tudo que é sagrado
>Nada é tão poderoso como a prata. Cidades inteiras
>Sucumbem diante do seu brilho.
>Por ela homens abandonam os lares
>E se tornam capazes de qualquer pecado.
>Mas saiba que se não me trazes aqui
>Um culpado palpável, mortal, e amarrado a uma tábua,
>Serás enforcado e com a corda no pescoço,
>Entrarás para a morada dos mortos.
>Então vocês aprenderão que o dinheiro do crime não se lega
>E que nem tudo pode ser fonte de lucro.

GUARDA
>Meu senhor, homens humildes como eu têm muito a temer.
>Para as profundezas que insinuas, há muitos caminhos.
>No momento temo menos, e não digo, de modo algum,
>Que tenha recebido prata,
>Se bem que se o senhor acha, é melhor virar a sacola
>Por duas vezes mais, para que
>Comproves se há algo dentro dela, a provocar tua
>Ira com palavras de contestação.
>Mas o que mais temo é que, buscando um culpado,
>Talvez receba uma corda de cânhamo, porque
>Para homens como eu, as mãos nobres entregam antes
>Cânhamo do que prata. Como o senhor bem há de entender.

CREONTE
    Estás me propondo um enigma, seu transparente?

GUARDA
    O morto pertencia às altas esferas
    E decerto possui amigos elevados.

CREONTE
    Apanhe-os pelas canelas se não consegues alcançá-los
    Em ponto mais elevado! O que sei é que existem pervertidos
    Aqui e lá. Mais de um irá se mostrar tremendo de alegria
    Com a minha vitória e, temeroso, vestirá o louro...
    Hei de encontrá-los.
Entra no palácio.

GUARDA
    Lugar insano este onde os poderosos enfrentam
    Os poderosos! Creio ainda estar vivo
    E isso me surpreende.
Sai.

ANCIÃOS
    Há muito de terrível. Mas nada
    É mais terrível do que o homem.
    Porque, à noite, singrando os mares, quando
    Contra o inverno sopra o vento sul, ele abre caminho
    Em velozes naves aladas.
    E à sublime terra,
    Eterna e infatigável,
    Rasga o ventre com a ambiciosa charrua,
    Ano após ano,
    Tocando o gado.
    A raça volátil dos pássaros
    Ele cativa e caça.
    E povoações de animais selvagens.
    E os seres que habitam as profundezas
    Salgadas do Pôntico, apanha-os com linhas astutas,
    Ele, o perito homem.
    Captura com artimanhas a presa

Que dorme e vagueia nas colinas.
Derruba o nobre corcel de espessas crinas
E mete a canga no pescoço do touro furioso,
Habitante das montanhas.
O discurso, o vôo fugaz do
Pensamento, as leis que regem o Estado,
Tudo aprendeu e também aprendeu
A defender-se dos maus ventos úmidos
Das colinas e das chuvas malsãs. Versado
Ignorante. Não chega a nada.
Tem conselho para tudo
Nada o deixa perplexo.
Tudo isso é possível para ele,
Mas um limite possui.
Quando não o encontra, transforma-se
Em seu próprio inimigo. Como ao touro
Curva o pescoço do seu semelhante, enquanto este
Arranca-lhe as entranhas. Se se distingue,
Pisa implacável sobre os demais. Não consegue saciar
A fome sozinho, mas tem de cercar com muros
O que possui. E que o muro
Seja derrubado! Que se abram os tetos
Para a chuva! O que é humano
O homem não estima e assim
Monstruoso torna-se a si próprio.
 Mas que portento dos deuses está a minha frente
 Que eu reconheço e ainda assim devo dizer que
 A criança não é Antígona.
 Desgraçada, filha do desgraçado Édipo, o que
 Se passa contigo e por que desrespeitas
 As leis que regem o Estado?

Entra o Guarda conduzindo Antígona.

GUARDA
 Eis aqui quem praticou o ato. A quem apanhamos
 Tentando sepultá-lo. Mas onde está Creonte?

ANCIÃOS
   Eis que vem do palácio.
Creonte sai do palácio.

CREONTE
   Por que a trazes aqui? Onde a apanhaste?

GUARDA
   Foi ela quem fez o sepultamento. Agora sabes de tudo.

CREONTE
   Quem é ela que esconde o seu rosto?

GUARDA
   É por causa da vergonha; pois foi ela quem praticou o ato.

CREONTE
   Tuas palavras são claras, mas o viste com teus olhos?

GUARDA
   Quando cavava a sepultura, apesar da tua proibição.
   Quando alguém tem sorte fala logo com clareza.

CREONTE
   Relate.

GUARDA
   A coisa foi assim: Quando saí daqui,
   Depois de receber tuas terríveis ameaças,
   Limpamos o pó e a terra que cobria o morto
   Já em estado de putrefação, e nos sentamos
   Numa colina alta, para tomar ar, pois o morto
   Exalava um forte mau cheiro. Decidimos que
   Se acaso um dormisse, seria cutucado pelo outro
   Nas costelas. Súbito tivemos que arregalar
   Os olhos. Isso porque de repente um vento quente
   Subiu do chão dissipando a neblina
   Num turbilhão que arrancava as folhas das árvores
   E o ar estava tão cheio de folhas
   Que fomos obrigados a piscar.

Foi isso, e quando depois esfregamos nossos olhos,
A vimos em pé gemendo
Com voz aguda, como um pássaro desesperado
Que volta ao ninho e não encontra sua cria.
Assim ela lamentava ao ver o cadáver novamente descoberto
E, soluçando, voltou a cobri-lo com poeira e, de um jarro de
                                                              ferro,
Derramou sobre o morto a tripla libação sagrada.
Caímos sobre ela e a prendemos sem que demonstrasse
O mais leve temor. E a acusamos pelo que acabava de fazer
E pelo que tinha feito antes.Mas ela nada negou
E mostrou-se amável e triste ao mesmo tempo.

CREONTE
    Confessas ou negas a acusação?

ANTÍGONA
    Confesso tudo, não nego coisa alguma.

CREONTE
    Agora responde, sem muitas palavras:
    Minha proibição a respeito desse morto
    Não tinha chegado ao teu conhecimento?

ANTÍGONA
    Como podia alguém ignorar? Foi divulgada por toda a cidade.
    Tuas ordens foram claras e precisas.

CREONTE
    Então ousaste desafiar a minha proclamação?

ANTÍGONA
    Por ser tua, a de um mortal,
    Outro mortal poderá desafiá-la, e eu
    Sou um pouco mais mortal que tu. E se eu
    Morrer antes do tempo, o que penso que irei,
    Isso representa um grande prêmio. Quem como eu vive
    No meio de tantas adversidades, não terá na morte
    Um pouco de vantagem? Mas se eu deixasse sem sepultura
    O filho de minha mãe, o meu pesar seria infinito.

Morrer em troca não me causa pena, nem temor.
Os deuses não querem ver sem sepultura
O retalhado.
Se te parece loucura
Temer a ira deles e não a tua,
Que um louco me julgue agora.

ANCIÃOS
Rude se mostra na filha o caráter rude do pai:
Não aprendeu a se curvar ao infortúnio.

CREONTE
Mesmo o ferro mais duro
Se derrete e perde a tenacidade quando levado ao fogo.
Vemos isso diariamente.
Mas ela encontra um prazer em tornar
Turvas as leis vigentes.
E essa não é a única ousadia: uma vez consumado
Se vangloria e ri
Por tê-lo feito. Como detesto a quem, surpreendido
Em ato ilícito, ainda o apresenta como feito admirável.
E ainda assim, quem me ofende é do meu sangue
E por ser do meu sangue não quero condená-la imediatamente.
Assim pergunto a ti: já que o fizeste às escondidas,
E agora foste descoberta, aceitarias dizer, para
Evitar dura pena, que o lamentas?
Antígona cala.

CREONTE
Por que és tão obstinada?

ANTÍGONA
Para servir de exemplo.

CREONTE
Então não te importa estar em minhas mãos?

ANTÍGONA
O que mais poderás fazer, já que me tens, do que me matar?

CREONTE
　　Nada mais, isso me basta.

ANTÍGONA
　　Então, por que esperas? Das tuas palavras
　　Nenhuma me agrada e não irá me agradar jamais.
　　E assim também eu não irei te agradar em nada
　　Mas, com o meu feito, agrado a outros.

CREONTE
　　Acreditas que existem outros que vêem as coisas como tu?

ANTÍGONA
　　Eles também têm olhos e também se sentem atingidos.

CREONTE
　　Não te envergonhas de atribuir-lhes essa opinião sem perguntar?

ANTÍGONA
　　Acaso não devemos honrar as pessoas da própria carne?

CREONTE
　　E o que morreu pela cidade também é do teu sangue.

ANTÍGONA
　　Um só sangue. Cria de um só corpo.

CREONTE
　　E aquele que se poupou tem o mesmo valor para ti?

ANTÍGONA
　　O que não era teu escravo continua sendo meu irmão.

CREONTE
　　Não há dúvida, posto que a teus olhos, sacrilégio ou não,
　　　　　　　　　　　　　　　　　　　　tem o mesmo valor.

ANTÍGONA
　　Também não é a mesma coisa morrer por ti e morrer pela
　　　　　　　　　　　　　　　　　　　　　　　　pátria.

CREONTE
   E acaso não há guerra?

ANTÍGONA
   Sim, a tua guerra.

CREONTE
   Não é pela pátria?

ANTÍGONA
   Por uma terra estrangeira. Não te bastava
   Reinar sobre os irmãos na própria cidade,
   A doce Tebas, onde
   Se vive sem medo, na sombra das árvores;
   Tu tinhas que arrastá-los a Argos distante,
   E dominá-los também ali. A um converteste em verdugo
   Da pacífica Argos, mas ao outro apavorado,
   Exibes-no agora despedaçado para apavorar o teu povo.

CREONTE
   Aconselho a não pronunciar palavra
   De apoio àquele que preza o próprio bem-estar.

ANTÍGONA
   Mas eu invoco que me ajudem em minha aflição
   E com isso ajudem a si próprios.
   Porque quem tem sede de poder,
   Beberá da água salgada e, sem poder parar,
   Terá de beber cada vez mais. Ontem foi meu irmão, hoje sou eu.

CREONTE
   E eu estou esperando para ver
   Quem te ajudará.

ANTÍGONA
   Já que os anciãos calam
   Então o aceitam e se calam diante dele.
   Isso jamais será esquecido!

CREONTE
    Ela faz a ata. A desunião
    É o que ela quer semear entre o povo de Tebas.

ANTÍGONA
    Tu, que clamas por união, vives da discórdia.

CREONTE
    Quer dizer que vivo aqui da discórdia
    E nos campos de Argos também?

ANTÍGONA
    Sem dúvida. Assim é. E onde é preciso violência contra outros,
    Também se recorre a ela contra o próprio povo.

CREONTE
    Parece-me que a bondosa, de bom grado, me atiraria aos abutres
    E nada faria se Tebas, desunida,
    Fosse servida em banquete às forças estrangeiras?

ANTÍGONA
    A eterna ameaça dos governantes: a cidade iria cair.
    Desunida cairia num banquete às forças estrangeiras
    Assim curvamos a nuca e lhes oferecemos vítimas
    E a cidade cai, debilitada, num banquete aos estrangeiros.

CREONTE
    Te atreves a dizer que eu ofereço a cidade como banquete
                                                    ao estrangeiro?

ANTÍGONA
    Ela mesma se atira diante dele, curvando a nuca diante de ti
    Porque o homem que curva a nuca não consegue ver
    O perigo que se coloca à sua frente.
    Só vê a terra, e ela, ora, é ela que irá recebê-lo.

CREONTE
    Insulte a terra, desaventurada, insulte a pátria!

Antígona
   Estás equivocado. A terra é fadiga e dor. A pátria, para o homem,
   Não é só terra nem é só casa. Não onde ele derramou suor,
   Não a casa que em vão se ergue contra as chamas,
   Não é onde curvou a nuca, o que o homem chama de pátria.

Creonte
   Não chama e não protege?
   A ti a pátria não chama mais de filha
   Mas te rejeita como a uma imundície feroz que contamina.

Antígona
   Quem é que me rejeita? Desde que governas
   Diminuto é o número de homens na cidade
   E continuará diminuindo.
   Por que retornas sozinho? Partiste com muitos.

Creonte
   Como ousas?

Antígona
   Onde estão os jovens, os homens? Nunca mais voltarão?

Creonte
   Como ela mente! Todos sabem que ainda não estão aqui
   Porque limpam o campo de batalha dos últimos machados.

Antígona
   E para cometerem por ti o último crime
   Para semear o terror até que os pais
   Não mais os reconheçam quando, ao final,
   Forem derrubados como animais ferozes.

Creonte
   Agora profanas os mortos!

Antígona
   Ser estúpido, não tenho a intenção de te convencer.

ANCIÃOS
   Não dê atenção ao que ela diz; é o desespero quem fala.

CREONTE
   Acaso alguma vez ocultei as vítimas que custaram a vitória?

ANCIÃOS
   Mas tu, insensata, não te esqueças
   Em tua dor, da gloriosa vitória de Tebas!

CREONTE
   Mas ela não deseja que o povo
   De Tebas ocupe os palácios de Argos. Prefiriria
   Ver Tebas em ruínas.

ANTÍGONA
   Melhor estar entre os escombros da própria cidade
   Do que contigo nas casas dos inimigos.

CREONTE
   Agora ela falou! E vocês o ouviram.
   Não respeita lei alguma, a desmedida, como o hóspede que,
   Prestes a partir, sabendo que ninguém quer vê-lo de volta,
   Malcriado, ao arrumar a trouxa, destrói o leito que o abrigou.

ANTÍGONA
   Mas tomei só o que é meu, e ainda assim tive que roubá-lo.

CREONTE
   Só tens olhos para o próprio nariz,
   Mas a ordem do Estado, que é sagrada, essa não vês.

ANTÍGONA
   Talvez seja sagrada, mas eu prefiriria
   que fosse humana, Creonte, filho de Meneceus.

CREONTE
   Agora vá! Foste nossa inimiga e também o serás
   Dos que estão embaixo da terra, esquecida
   Como o despedaçado o foi; este também será evitado lá embaixo.

ANTÍGONA
   Quem sabe, talvez embaixo existam outros costumes.

CREONTE
   Nunca um inimigo, mesmo morto, será amigo.

ANTÍGONA
   É verdade. Não vivo para odiar e sim para amar.

CREONTE
   Então desce se queres amar
   E ame ali. Aqui gente de tua espécie
   Não vive por muito tempo.
Entra Ismênia.

ANCIÃOS
   Eis que aparece Ismênia no umbral da porta,
   A amável Ismênia, que é pela paz.
   Mas as lágrimas lavam-lhe
   O rosto alterado pela amargura e pela dor.

CREONTE
   Aí estás! Tu, que ficas pelos cantos do palácio!
   Alimentei dois monstros, criei irmãs víboras.
   Vem, confessa logo
   Que participaste do sepultamento.
   Ou será que és inocente?

ISMÊNIA
   Sim, sou eu a culpada, minha irmã pode confirmar.
   Participei e assumo a culpa.

ANTÍGONA
   Isso a irmã não vai permitir.
   Ela não quis me ajudar. Não a levei comigo.

CREONTE
   Decidam entre vocês! Não quero ser mesquinho em mesqui-
                                                      nharias.

ISMÊNIA
    Não me envergonho da infelicidade da minha irmã
    E peço a ela que me aceite como parceira.

ANTÍGONA
    Pelos que são eternos lá embaixo
    E que conversam entre si:
    Não gosto dessa que só ama com palavras.

ISMÊNIA
    Irmã, para rebelar-se nem todos servem
    Mas quem sabe eu sirva para morrer.

ANTÍGONA
    Não queira compartilhar a morte. Não queira tornar teu
    O que não te pertence. A minha morte bastará.

ISMÊNIA
    A irmã é severa demais e eu a amo.
    A quem mais dedicar o meu amor se ela não existir?

ANTÍGONA
    A Creonte, ame esse. Fica com ele e eu os deixarei.

ISMÊNIA
    Talvez a irmã sinta prazer em zombar de mim?

ANTÍGONA
    Talvez eu também sofra, e queira guardar para mim toda a dor?

ISMÊNIA
    O que te propus ainda vale.

ANTÍGONA
    E isso foi belo. Mas a minha decisão está tomada.

ISMÊNIA
    Por ter faltado com a lealdade, agora não faço falta para ti,
                                                          não é?

A Antígona de Sófocles

ANTÍGONA
    Tenha coragem, tu vives. A mim morreu a alma;
    A única coisa que me resta é servir aos mortos, irmã.

CREONTE
    Vos digo, senhores, essas mulheres são loucas,
    Uma é louca de nascença, a outra acaba de ficar nesse momento.

ISMÊNIA
    Não posso viver sem ela.

CREONTE
    Não se fala mais dela. Já não existe.

ISMÊNIA
    Condenas à morte a noiva do teu filho.

CREONTE
    Não existe só um prado fértil, onde se possa arar.
    Prepara-te para a morte. Mas quero que saibas
    Quando será: quando Tebas, embriagada,
    Dançar a minha vitória, nas rodas de Baco.
    Levem daqui estas mulheres.

Saem Antígona e Ismênia, levadas pelos guardas. Creonte ordena ao seu guarda-costas que entregue a espada.

UM ANCIÃO *recebendo a espada.*
    Tu que te agasalhas com a vitória, não pisas
    Brutalmente o solo; não pisas onde ele floresce.
    Mas aquele que te irritou, poderoso,
    Deixas que te louve.

UM VELHO *entregando a Creonte o bastão de Baco.*
    Não o arremesses muito fundo,
    Que termines por perdê-lo de vista.
    Porque ali, chegado ao fundo,
    Aquele que nada tem, nada teme. Liberado
    De toda vergonha, aterrorizado e terrível,
    O que foi abandonado e rechaçado se ergue.

Livre de suas ligações humanas,
Recorda-se da antiga vida e levanta-se novo.

ANCIÃOS
Pacientes, os irmãos de Lacmos permaneciam na casa destruí-
da pelo fogo.
Podre, alimentando-se de líquens; os invernos sempre
A despejar o gelo sobre eles; e as mulheres, as deles,
De noite não ficavam ali, e passavam o dia
Secretamente em fraldas púrpuras. E o tempo todo
A ameaça da rocha pairava sobre as suas cabeças.
Abateram os verdugos
Mas não antes de Peleas
Se intrometer, dividindo-os com o bastão, quando,
Tocados de leve, erguiam-se.
Isso foi para eles o pior dos sofrimentos, mas é comum a
Soma do sofrimento amainar-se com o ínfimo.
O sono cego no lamento, como se os abatidos
Ficassem no tempo sem idade, é finito.
Lentas e fugazes as luas sucedem as luas e
O mal aumenta sem cessar e já se
Extingue a última luz que iluminava a última raiz
Da estirpe de Édipo.
E quando o grande não cai em si,
Tudo derruba. Assim, como quando os ventos furiosos da Trácia
Encrespam as águas tenebrosas e salgadas do mar Pôntico e
Atacam a uma simples cabana, os abismos submarinos se
Agitam, e de gemidos murmuram as margens abatidas.
Mas vem aí Hémon, dos teus filhos o mais novo.
Sua expressão sombria mostra o pesar por perder Antígona.
A jovem mulher, a noiva adoecida pelo leito traiçoeiro.

Entra Hémon

CREONTE
Filho, segundo dizem alguns, vens
Diante de mim por amor a essa mulher, e não é ao soberano
A quem queres ver, e sim ao pai. Se for assim,
Vieste em vão. Em meu regresso da batalha,
Que vencemos, graças ao sacrifício dos que derramaram

O sangue, encontrei essa, e somente essa em toda a cidade,
Em flagrante delito de desobediência, desprezando a nossa
Vitória, e ocupando-se apenas com os assuntos pessoais e
                                                              dos piores.

HÉMON

    Não obstante, é esse o assunto que me traz
    E desejo que não desgoste ao pai
    A voz familiar daquele que dele descende
    Quando informar ao soberano a respeito
    Dos desagradáveis rumores que circulam.

CREONTE

    Certamente, quem cria filhos insolentes,
    Haverá criado para si grandes desgostos
    E, para os inimigos, motivo de risada. O que é azedo
    Provoca o paladar, e é por isso oferecido.

HÉMON

    Muitas são as coisas que comandas. Mas se preferires
    Escutar somente palavras complacentes,
    Não te esforças demais: solta logo a vela
    E navega à deriva, como o faz o homem
    Que já não maneja o timão!
    Teu nome é temido pelo povo. Então, mesmo quando o
                                                         grande
    Temporal se aproxima, te dirão, quando muito, que sopra
                                                          pequena brisa.
    Mas os laços de parentesco têm a vantagem
    De permitir agir com desinteresse e sem medo. Certas culpas
    Nem são cobradas; e assim podemos,
    Às vezes, ouvir verdades da boca de um parente,
    Porque, vindo dele, dominamos a ira.
    Claro que o meu irmão, Megário, que não conhece o medo,
    Não pode dizê-lo,
    Porque combate em Argos e ainda não regressou.
    Sou eu, então, quem deve fazê-lo.
    Deves saber que na cidade reina um profundo mal-estar.

CREONTE
> E tu deves saber que se os meus se corrompem,
> Darei alimento ao inimigo. Ele é incerto,
> Não se conhece e não consegue agrupar-se.
> Está desnunido até no desgosto: um se queixa
> Dos impostos, o outro, do serviço militar.
> Graças a minha autoridade e ao poder da espada
> Mantenho-os unidos e ao mesmo tempo separados. Mas
> Se houver algum vacilo em quem governa,
> Se este se mostra indefinido e hesitante, então
> As pedras começam a rolar e ameaçam derrubar
> A casa que a si mesma se rendeu. Fala,
> Ouvirei àquele que gerei e que
> Coloquei diante do vendaval de lanças, ao filho.

HÉMON
> Nisso tudo há verdade. Não se diz:
> Malhe a língua em bigorna pura? Àquela
> Que não quis deixar que os cães desalmados
> Devorassem o irmão, a cidade
> Apóia, não deixando de reprovar
> O comportamento do morto.

CREONTE
> Tu, no entanto, pouco sabes da situação,
> Nada sabendo, aconselhas: olha timidamente ao teu redor,
> Aceitas as idéias dos outros, falas a língua deles.
> Como se a autoridade pudesse conduzir tantos corpos
> Numa missão difícil, se ela
> Não passa de um pequeno ouvido, de um ouvido covarde.

ANCIÃOS
> Mas imaginar castigos cruéis exige muita força.

CREONTE
> É preciso força para empurrar o arado e levantar a terra.

ANCIÃOS
> Mas uma ordem generosa facilmente consegue muito.

CREONTE
>   São muitas as ordens. Mas quem as dá?

HÉMON
>   Mesmo que não fosse teu filho, eu diria: tu.

CREONTE
>   Se são da minha responsabilidade, tenho de dá-las a meu modo.

HÉMON
>   A teu modo, mas que o modo seja correto.

CREONTE
>   Não sabendo o que eu sei, tu não poderás saber.
>   Continuas meu amigo, qualquer que seja a minha ação?

HÉMON
>   Quisera que agisses de modo que eu fosse teu amigo,
>   E não dissesses que só tu tens razão, nenhum outro.
>   Pois aquele que pensa ter inteligência, expressão e alma como ninguém,
>   Se penetrássemos em seu âmago,
>   Ele apareceria vazio. Mas para um homem,
>   Se algum sábio houver, não é vergonhoso
>   Aprender muito, e não se obstinar em seus juízos.
>   Vê como ao longo de uma torrente
>   Que se precipita impetuosa
>   As árvores todas se esquivam. Elas todas
>   Têm os seus galhos aquecidos; aquelas, porém, que resistem
>   São logo arrasadas. E mais, a embarcação com carga
>   Que ocupa muito espaço, e que não quer ceder em nada:
>   O que leva acaba descendo pela proa e soçobra.

ANCIÃOS
>   Cede, onde reina o espírito, concede-nos a mudança.
>   Submete-te como nós, criaturas tementes,
>   E tema conosco.

CREONTE
    E que o cocheiro
    Seja guiado pela parelha! É isso que você quer?

HÉMON
    E a parelha,
    Quando lhe bate o cheiro de carniça nas ventas
    Vindo do esfoladouro, poderia empinar-se, espantada,
    Ao ver aonde querem levá-la à força
    E jogar-se no precipício, com roda e cocheiro.
    Saiba que a cidade, sentindo o ferrão da dúvida
    Do que a espera na paz, na guerra já está fora de si.

CREONTE
    Já não há mais guerra. Agradeço pela informação.

HÉMON
    E também que tu, armando a festa da vitória,
    Pretendes acabar de forma sangrenta
    Com todos que aqui alguma vez despertaram a tua ira.
    Essa suspeita a mim foi confiada muitas vezes.

CREONTE
    Por quem? Nisso haveria mérito para ti. Bem mais
    Do que quando queres ser somente a boca deles, que
    Tagarelam por aí sobre suspeitas de maneira tão suspeita.

HÉMON
    Esquece-os.

ANCIÃOS
    Das virtudes dos poderosos
    Dizem que a mais saudável é saber esquecer.
    Deixa que o passado permaneça no passado.

CREONTE
    Já que sou muito velho
    É difícil para mim esquecer. Mas não poderias tu,
    Se te pedisse, esquecer aquela por quem tanto te expões

Tanto que todos que me desejam mal murmuram:
Parece que aquele é cúmplice dessa mulher.

HÉMON
Sou cúmplice da justiça, onde quer que ela esteja.

CREONTE
E onde houver um buraco.

HÉMON
Mesmo ofendido não cala em mim
A preocupação por ti.

CREONTE
Nem a de que o teu leito permanece vazio.

HÉMON
Isso eu chamaria de estupidez, não viesse do pai.

CREONTE
Isso eu chamaria de insolência, não viesse do escravo de
    uma mulher.

HÉMON
Que prefere ser escravo de uma mulher do que de ti.

CREONTE
Agora está revelado e não há mais volta.

HÉMON
Nem deveria ter. Queres tudo dizer e nada ouvir.

CREONTE
É isso mesmo. E agora vai
Some da minha vista. Faze como o frouxo, que
Também se poupou, no momento duvidoso.
Some com a tua raça, e já!

HÉMON
    Vou-me embora, para que não tenhas que olhar
    Para alguém que anda de cabeça erguida, e tremas.
Hémon sai.

ANCIÃOS
    Senhor, o que saiu agora tomado de ira é o teu caçula.

CREONTE
    Mas não salvará da morte as mulheres.

ANCIÃOS
    Pensas então em matar as duas?

CREONTE
    Não, a que se manteve afastada, não; tendes razão.

ANCIÃOS
    E quanto à outra; como pretendes matá-la?

CREONTE
    Levá-la para fora da cidade, enquanto as danças de Baco
    Erguem as solas dos pés do meu povo; que a culpada
    Seja levada para onde é solitário o rastro da vida humana,
    Encerrada viva numa gruta de pedra, com painço e vinho
                                            somente
    Como convém aos mortos; como se ela mesma se enterrasse.
    Assim o ordeno,
    Para que a cidade não caia em desonra.
Creonte sai em direção à cidade.

ANCIÃOS
    Como uma montanha de nuvens, vejo claramente
    Que é chegada a hora, enquanto a filha de Édipo, em seu
                                            quarto
    Ouvindo o som de Baco ao longe, se prepara para a última
                                            viagem
    Ele chama pelos seus, e a nossa cidade amargurada
    Sempre sedenta de alegria
    Dá-lhe resposta, com júbilo.

Pois grandioso é vencer e irresistível é Baco,
Quando se acerca dos atormentados, e lhes oferece a poção
                                        do esquecimento.
Para longe atiram o manto de luto que costuravam para os filhos
E correm para a orgia de Baco, atrás de esgotamento.
Os velhos pegam os bastões de Baco.
Oh espírito dos prazeres da carne
Eterno vencedor das disputas! Mesmo aos parentes de sangue
O poderoso súplice joga uns contra os outros.
Nunca sucumbe; quem por ele
É dominado é quem fica fora de si. Possuído, delira. E
Move-se sob o jugo, e prepara novas nucas. Não teme
O sopro quente da mina de sal, nem o barco
De frágeis paredes nas águas escuras. Outras peles
Ele mescla e joga
Todas juntas, mas não devasta
A terra com a força das mãos, e sim
É pacífico desde o início, e vê com bons olhos
O nascer de grandes alianças. Pois a beleza divina
É pacífica parceira.
Entra Antígona, conduzida pelo guarda e seguida pelas criadas.

ANCIÃOS

Mas agora, até eu fico
Desconcertado, e não posso mais conter
A fonte das lágrimas, pois agora
Antígona vai receber as oferendas fúnebres
O painço e o vinho.

ANTÍGONA

Cidadãos da pátria, vide
Como faço a minha última viagem,
Contemplo a última luz do sol.
E para nunca mais?
O deus da morte, que a todos um dia deitará,
A mim me leva viva
Para as margens do Aqueronte.
Não haverá bodas para mim, nem

Cantos nupciais, porque
A Aqueronte sou prometida.

ANCIÃOS
Mas vais célebre, coberta de glória
Para essa morada dos mortos.
Não sucumbistes à doença que consome,
Do ferro a recompensa, o ferro, não recebeste.
Dona do teu próprio destino
Desces viva ao mundo dos mortos.

ANTÍGONA
Ai, zombam de mim!
De mim, que ainda não sucumbi,
De mim, que ainda vivo o dia.
Ah minha cidade, ah, de minha cidade
Homens poderosos! Um dia deveis
Dar testemunho de como, sem ser pranteada
Pelos que amo, e por força de que
Leis cruéis sou levada
Ao jazigo cavado, à tumba insólita.
Companheira nem dos mortais
E nem das sombras,
Não tenho lugar nem na vida, nem na morte.

ANCIÃOS
O poder, onde vale
Não cede. Ela se perdeu
Ao se conhecer pela ira.

ANTÍGONA
Oh meu pai, oh mãe infeliz
De quem veio esta melancólica filha
E para quem sigo agora
Fadada a viver sem homem.
Oh meu irmão
Doce era viver! Morto,
Também a mim, que ainda resto,
Arrastas para o fundo.

UM ANCIÃO *colocando uma tigela de painço na frente de Antígona.*
   Também o corpo de Danaes teve de
   Suportar, pacientemente,
   Em vez da luz celestial,
   As barras de ferro, envolto pela escuridão.
   Era, no entanto, filha de grande estirpe.
   E então passou a contar, para o criador do tempo,
   Os toques das horas, das horas douradas.

ANTÍGONA
   Deplorável, ouvi dizer, foi a morte
   No topo do monte Sípilo
   Da filha de Tântalo, que vinha da Frígia.
   Seu corpo tornou-se rugoso, e as heras
   Como a uma pedra lentamente a envolveram.
   Contam os homens que o inverno
   Está sempre com ela
   E lava-lhe o pescoço
   Com límpidas lágrimas de neve que escorrem de seus cílios.
   Da mesma forma
   Um espírito prepara a minha tumba.

UM ANCIÃO *colocando uma jarra de vinho na frente de Antígona.*
   Mas ela foi consagrada, era de origem divina.
   Nós, no entanto, somos da terra, de origem terrena.
   É verdade que sucumbes, mas com grandeza. Quase
   Como um sacrifício divino.

ANTÍGONA
   E suspirando já me dais por perdida.
   Levantais os olhos para o céu azul, e não mais olhais
   Em meus olhos. Só cometi um ato sagrado
   Cumprindo um dever sagrado.

ANCIÃOS
   Também o filho de Drionte
   Enquanto imprecava, furiosamente,
   Contra a iniqüidade de sua sorte
   Foi agarrado por Dioniso e soterrado

Por montes de pedra. Tateando louco nas trevas
O homem da palavra insolente conheceu Deus.

ANTÍGONA
   Melhor seria se vós
   Aceitásseis as minhas imprecações contra a iniqüidade
   E enxugásseis-me as lágrimas, aproveitando-as.
   Vós não enxergais longe.

ANCIÃOS
   Junto às rochas calcárias, ali
   Onde morrem os dois mares, à margem do Bósforo
   Ali, perto da cidade, o espírito da guerra viu como os dois
   Filhos de Fineo, que enxergavam longe demais,
   Tiveram os seus olhos de águia perfurados por lanças,
   Fazendo-se a escuridão
   Nas corajosas órbitas dos seus olhos.
   A força do destino é terrível.
   Não há riqueza, nem espírito guerreiro
   Nem fortaleza que dele escape.

ANTÍGONA
   Eu lhes suplico, não faleis de destino.
   Eu o conheço. Falai daquele que a mim,
   Inocente, destrói; para ele
   Preparem um destino! Não penseis que
   Sereis poupados, oh desafortunados.
   Outros corpos, destroçados,
   Jazerão sem sepultura, aos montes, em volta
   Daquele que não teve sepultura. Vós, que incitais Creonte
   À guerra em terras estrangeiras, mesmo vencendo ele
   Muitas batalhas, saibais que a última
   Vos devorará. Vós, que clamastes por saques, não vereis
   Retornarem carros abarrotados, e sim
   Vazios. A vós deploro, vivos,
   Pelo que irdes ver
   Quando os meus olhos já estiverem cheios de pó! Graciosa
                                                             Tebas
      Cidade pátria! E vós, fontes de Dirceu

Ao redor de Tebas, por onde sobem os carros da guerra
Oh, pradarias! Sinto apertar-me a garganta ao pensar
No que irá lhe acontecer! Tu, que deste vida
A monstros, em pó deves te converter. Dizei,
A quem por Antígona perguntar, que a vistes
Buscar refúgio na tumba.
Antígona sai acompanhada pelo guarda e as criadas.

ANCIÃOS
    Virou as costas e se foi, com passo firme, como se conduzisse
    O seu guarda. Atravessou ali aquela praça
    Onde já se erguiam as férreas colunas da vitória.
    Lá, apertou o passo, e
    Desapareceu.
Mas também aquela provou, um dia,
Do pão assado na rocha escura.
Na sombra das torres que encerram desgraça:
Ficava sentada, tranqüila e segura
Até que o que partiu, mortal, dos lares de Lábdaco
A eles retornou, com força mortal. A mão sangrenta
Repartiu a morte entre os seus, e estes
Não a recebem, arrancam-na.
Só depois a encontramos tremendo de cólera
No espaço aberto, consagrada ao bem!
O frio despertou-a.
Só depois de consumida toda
A paciência e consumado o último
Crime, a filha do cego Édipo
Retirou a venda corroída de seus olhos
Para olhar no fundo do abismo.
Tebas agora, igualmente cega,
Dança e se embriaga
Com a poção da vitória, poção de muitas
Ervas, preparada nas trevas
E engole-a e jubila.
    Aqui vem Tirésias, o cego vidente. Impelido talvez
    Pelo boato sinistro da crescente discórdia
    E da rebelião que ferve embaixo.
Entra Tirésias, conduzido por uma criança e seguido por Creonte.

TIRÉSIAS
    Sempre devagar, filho, caminha sempre
    Não deixe o ritmo da dança te afetar, és
    Guia. Que o guia
    Não siga a Baco:
    É inevitável a queda daquele que levanta
    O pé demasiado alto.
    Também não vás bater contra
    As colunas da vitória. Gritam
    Vitória na cidade
    E a cidade está cheia de loucos!
    O cego segue
    Aquele que vê, mas o que segue o que não vê
    É mais cego ainda.

CREONTE *que o seguia, zombeteiramente.*
    O que estás murmurando,
    Rabugento, sobre a guerra?

TIRÉSIAS
    É que tu danças
    Louco, antes da vitória.

CREONTE
    Velho obstinado, vidente
    Das coisas que não são, mas
    As colunas erigidas ao teu redor
    Essas tu não vês.

TIRÉSIAS
    Não, não as vejo. Nada perturba
    A minha razão. E é por isso que eu venho
    Meus caros amigos. Pois as folhas de louro,
    As viçosas, também não reconheço
    Antes que, secas, façam ruído ao vento
    Ou então eu as mordo e sinto
    Um gosto amargo, e sei que são folhas de louro.

CREONTE
>   Tu não gostas de festas. Sempre que celebramos,
>   Tua boca profere palavras terríveis.

TIRÉSIAS
>   Coisas terríveis eu vi. Ouvi quais são os presságios das aves
>   De Tebas, que está ébria
>   Da vitória prematura e ensurdecida
>   Pelo estrondoso clamor das rodas de Baco. Estava eu
>   No antigo lugar, porto de todos os pássaros,
>   Quando ouvi um barulho mortífero vindo do céu.
>   Era uma luta, um arrepelar-se-com-garras
>   Um bramir de asas em batalha mortal. Temeroso
>   Fiz acender logo a pira dos altares. Mas
>   Nenhuma chama se ergueu do sacrifício. Só fumaça
>   Ascendia, gordurosa, e as coxas dos animais sacrificados
>   Podiam ser vistas abertas sob a gordura que as cobria.

ANCIÃOS
>   Terrível vaticínio em dia de vitória
>   Rumor que corrói a alegria!

TIRÉSIAS
>   Esta seria a explicação funesta das orgias sem sentido:
>   Tu, Creonte, és o culpado da doença que ataca a nossa cidade.
>   Pois os altares e os oratórios
>   Foram profanados pelos cães e pássaros que se saciaram
>   Do cadáver do filho de Édipo.
>   É por isso que não se ouve mais das aves
>   Um grito de bom augúrio, pois elas provaram
>   A gordura de um homem morto. Uma fumaça assim
>   Não apetece às divindades. Por isso
>   Cede tu ao morto e não persegue
>   Aquele que já foi!

CREONTE
>   Os teus pássaros, meu velho
>   Voam como te convém. Sei disso. Também já
>   Voaram por mim! Não sou de todo leigo

No comércio e na arte da adivinhação
Já que não sou avarento. Enche o teu cofre
Com o âmbar de Sardes e o ouro das Índias
Mas saiba que não deixarei sepultar o frouxo
E não temo as ameaças do céu.
Nenhum homem tem poder sobre os deuses, disso eu sei.
Mas sei também
Da queda brutal de mortais, mesmo poderosos
Quando perseguem propósitos ignóbeis com belas palavras,
Para obter vantagens.

TIRÉSIAS
Sou demasiado velho para me expor
No breve tempo que ainda me resta.

CREONTE
Ninguém é tão velho
Que não quisesse envelhecer mais ainda.

TIRÉSIAS
Eu sei.
Mas sei ainda mais.

ANCIÃOS
Diz o que é, Tirésias.
Senhor, ouçamos o vidente.

CREONTE
Fale do jeito que quiser, só deixe de regatear.
A ordem dos videntes adora a prata.

TIRÉSIAS
Ouvi dizer que os tiranos a oferecem.

CREONTE
E sendo-se cego
Morde-se a moeda e sabe-se que é prata.

TIRÉSIAS
Eu queria que tu não ma oferecesse.

Pois ninguém sabe, na guerra, o que irá salvar.
Seja a prata, sejam os filhos, seja o poder.

CREONTE
A guerra terminou.

TIRÉSIAS
Será mesmo?
Eu estou perguntando!
Já que, como me disseste, não sei de nada
Eu tenho que perguntar. Já que como me dizes
Não sei ver o futuro, eu tenho
Que olhar para o presente e o passado, e assim continuo
No meu ramo de vidente. É verdade que só vejo
O que uma criança vê: que o bronze das colunas da vitória
É bem delgado. E digo: é porque ainda
Se forjam muitas lanças. Costuram-se agora
Muitas peles para o exército, e digo: é como se viesse o outono.
E se pusesse a secar pescado, como se se esperasse uma
                              campanha de inverno.

ANCIÃOS
Pensei que isso fosse antes da vitória
E que agora isso terminara. E que então viesse o saque
Com o minério e o peixe de Argos.

TIRÉSIAS
E há guardas aos montes; se eles guardam muito
Ou pouco, ninguém sabe. Mas há grande
Discórdia em tua casa e nenhum esquecimento
Como é próprio após um negócio bem-sucedido. E dizem
Que Hémon partiu, transtornado
Porque tu jogaste Antígona, a sua prometida,
No fundo de uma rocha, quando ela quis abrir
Uma sepultura para o seu irmão Polínices
Porque tu o abateste e o deixaste insepulto
Quando ele te enfrentou, por ter a tua guerra
Lhe roubado o irmão Etéocles.
E assim, sei que cruelmente estás enredado em tua crueldade.

E já que a prata não me embruteceu, faço
A segunda pergunta: Por que és cruel
Creonte, filho de Meneceus? Torno as coisas ainda mais fáceis:
É porque falta bronze para tua guerra?
O que foi que tu fizestes de tolo ou de mau
Para que agora tenhas que continuar fazendo maldades e tolices?

CREONTE
Canalha! Jogas um jogo duplo!

TIRÉSIAS
Pior seria se eu jogasse o jogo pela metade.
E agora eu tenho uma dupla resposta, isto é: nenhuma.
Eu junto nada com nada e digo:
Quando as coisas vão mal, grita-se por algo grandioso e não
                                     se encontra.
A guerra sai de si e quebra a perna.
A pilhagem vem da pilhagem e a crueldade pede crueldade.
O excesso pede excesso e no final se transforma em nada.
E tendo eu olhado para trás e ao redor de mim
Vós olhais para a frente e tremeis.
Leva-me daqui, filho.

Tirésias sai, guiado pelo menino.

ANCIÃOS
Senhor, fossem os meus cabelos
Pretos há pouco
Estariam igualmente brancos agora. Esse homem irado
Disse coisas terríveis
Mas mais terríveis são as coisas que não disse.

CREONTE
Então eu pergunto: para que
Falar do que não foi dito?

ANCIÃOS
Creonte, filho de Meneceus, quando
Retornarão os varões
A esta cidade desprovida de homens, e como
Anda a tua guerra, Creonte, filho de Meneceus?

CREONTE
    Já que esse homem, insidiosamente, decidiu levantar
    Essa questão, eu lhes digo: essa guerra,
    Para a qual fomos arrastados pela pérfida Argos, ainda
    Não chegou ao fim, e não anda
    Muito bem. Quando ordenei a paz
    Faltava pouco para terminá-la, e isso
    Pela traição de Polínices.
    Mas este, e a quem por ele
    Chorava, já foram castigados.

ANCIÃOS
    E tampouco isso
    Está terminado, pois se apartou
    De ti aquele que comandava
    As tempestades de lanças daqui,
    Hémon, teu filho caçula.

CREONTE
    E tampouco ainda preciso dele
    Que permaneça longe da minha vista, e da
    Vossa também, aquele que me abandonou
    Por uma mesquinha história de alcova.
    Pois por mim ainda combate o meu filho Megareus
    Atirando de encontro às muralhas vacilantes
    Dos argivos, em incessantes ataques
    A juventude armada de Tebas.

ANCIÃOS
    Não é inesgotável essa juventude.
    Creonte, filho de Meneceus,
    Sempre te seguimos. Reinava ordem
    Na cidade e protegias-nos
    Dos inimigos sob os telhados de Tebas.
    Dessa gente predatória que nada possui e abastece-se na guerra
    E daqueles que vivem da disputa, que só sabem gritar
    E encher o estômago e que, na praça do mercado, falam
    Porque são pagos, ou porque não são pagos.
    Hoje eles voltam a vociferar, e o que eles dizem

É inquietante. Será que tu
Deste início a uma ação demasiadamente grande, oh filho de
Meneceus?

CREONTE
Quando iniciei a marcha contra Argos
Quem foi que me enviou? O metal na lança
Foi buscar metal na montanha
A vosso conselho, pois Argos
É rica em metal.

ANCIÃOS
E também em lanças, ao que parece. Ouvimos
Muitas notícias alarmantes, mas rechaçamos os informantes
Porque confiávamos em ti, fechando os nossos ouvidos
Temendo o temor. E fechamos os olhos cada vez
Que puxavas as rédeas com mais força; é preciso só mais um
Puxão das rédeas, só mais uma batalha, nos dizias tu
Mas agora começas a nos tratar
Como tratas o inimigo. E cruelmente
Conduzes uma guerra dupla.

CREONTE
A vossa guerra!

ANCIÃOS
A tua!

CREONTE
Tão logo eu tenha Argos
Será novamente a vossa guerra! Basta!
Então aquela insubordinada
Conseguiu transtorná-los e àqueles que a ouviram!

ANCIÃOS
Sem dúvida a irmã tinha o direito de sepultar o irmão.

CREONTE
Sem dúvida o comandante do exército tinha o direito de castigar o traidor.

ANCIÃOS
   Fazer valer um direito contra outro direito só nos joga no abismo.

CREONTE
   A guerra cria um novo direito.

ANCIÃOS
   E vive do antigo.
   E se não lhe é dado o alimento de que precisa, devora-se a si
                                                              mesma.

CREONTE
   Ingratos! Devoram a carne, mas
   O avental sangrento do cozinheiro vos dá nojo! Dei-vos
   Madeira de sândalo para vossas casas, nelas não penetra
   O ruído das espadas. Essa madeira vem de Argos!
   E ninguém até hoje me devolveu a bandeja de bronze
   Que eu trouxe de lá, mas, inclinados sobre elas
   Vós falais de matanças e vos queixais da minha crueldade.
   Estou acostumado a uma cólera muito maior quando deixam
                                              de vir os saques.

ANCIÃOS
   Homem, até quando Tebas ficará privada de seus homens?

CREONTE
   Até que conquistem a rica Argos.

ANCIÃOS
   Chame-os de volta, infortunado, antes que sucumbam!

CREONTE
   Com as mãos vazias? Esse pedido vós tereis de confirmar sob
                                                    juramento!

ANCIÃOS
   Com as mãos vazias, ou sem mãos, tudo que ainda for de
                                              carne e sangue!

CREONTE
    Certamente. Logo que Argos tenha caído, os chamarei de volta.
    E o meu primogênito, Megareus, irá trazê-los.
    Mas cuidem para que as portas e portais não sejam demasia-
                                damente baixos
    Suficientemente altos somente para os que se movimentam
                                junto ao chão.
    Porque senão esses homens de estatura poderiam
    Esbarrar no portal do palácio e na porta da casa forte, danifi-
                                cando-os.
    E pode ser que a alegria de vos ver seja tão grande
    Que, ao apertar-vos as mãos, vos destroçem os punhos
    E vos arranquem os braços! E quando num ímpeto
    Vós medrosamente abraçardes as suas armaduras, cuidado
                                com as costelas!
    Porque nesse dia de gozo vereis mais espadas nuas
    Que nos dias infaustos. Mais de um vencedor titubeante
    Já foi coroado com correntes e dançou com os joelhos caindo.

ANCIÃOS
    Miserável, queres nos ameaçar com os teus próprios homens?
    Queres agora jogá-los contra nós?

CREONTE
    Falarei sobre isso
    Com o meu filho Megareus.
Entra um Mensageiro que vem do campo de batalha.

MENSAGEIRO
    Senhor! Prepara-te para receber um golpe terrível!
    Sou mensageiro
    Do infortúnio!
    Suspende os festejos precipitados
    De uma vitória em que acreditaste cedo demais!
    O teu exército
    Foi derrotado diante de Argos, e está em fuga.
    O teu filho Megareus já não vive. Destroçado
    Jaz no duro solo de Argos. Depois que tu
    Castigaste a fuga de Políneces, e prendeste e enforcaste

Em público muitos guerreiros que desaprovavam
O teu proceder e voltaste a Tebas, Megareus, teu primogênito,
Logo nos lançou de novo contra o inimigo.
Os homens, que ainda não haviam
Se recuperado do banho de sangue nas próprias
Fileiras, levantaram, cansados
Os seus machados, ainda molhados com o sangue tebano
Contra o povo de Argos. E muitos deles ainda
Voltavam os seus rostos para trás, em direção a Megareus, que
Para lhes ser mais terrível que o inimigo
Talvez os tenha incentivado com voz rude demais.
Porém a sorte no início parecia estar do nosso lado.
Pois é o combate que gera o seu próprio ímpeto guerreiro
E o sangue tem sempre o mesmo cheiro, seja o próprio, seja
                                                                    o do outro
E esse cheiro embriaga. O que a coragem não consegue
Consegue-o o temor. Mas conta também o terreno,
Os apetrechos e os alimentos.
E o povo de Argos, senhor, recorreu a mil astúcias.
Lutaram as mulheres e lutaram as crianças.
Do alto das cumeeiras dos telhados destruídos pelo fogo
Os caldeirões, há muito tempo sem comida,
Atingiam-nos cheios de água fervente. Mesmo as casas
Ainda intactas eram incendiadas nas nossas costas, como se
Ninguém mais pensasse em morar novamente em algum lugar;
Mas em barricadas
Em armas transformavam-se móveis e casas.
Mas teu filho continuava incitando-nos a avançar,
Cada vez mais para dentro da cidade, que, devastada,
Agora se tornava um túmulo. Os escombros
Passavam a separar-nos uns dos outros. Havia fumaça
Por todos os lados, mares de fogo
Tapavam a nossa visão. Fugindo do fogo
Procurando inimigos, topávamos com os nossos.
E ninguém sabe que mão abateu o teu filho.
A flor de Tebas, o melhor de suas forças, tudo foi aniquilado
E mesmo Tebas não poderá resistir muito tempo, pois
Por todos os caminhos chega agora o povo de Argos,

Com seus Homens e seus carros. E eu, que os vi,
Estou feliz de estar no fim.
Ele morre.

ANCIÃOS
Ai de nós!

CREONTE
Megareus! Filho!

ANCIÃOS
Não perde
Tempo com lamentos. Reúne a guarda!

CREONTE
Reúna-se o nada! Na peneira!

ANCIÃOS
Embriagada pela vitória
Tebas faz a festa, e por todos os lados
Avança o inimigo, carregado de armas!
Dispuseste da tua espada
Para nos enganar. Agora
Podes lembrar-te de teu outro filho.
Manda buscar o caçula!

CREONTE
Sim, Hémon, o último! Sim, meu filho caçula!
Vem nos ajudar nessa grande derrota! Esquece
O que eu disse, pois enquanto eu era poderoso
Não tinha poder sobre a minha razão.

ANCIÃOS
Ao túmulo de pedra
Acorre agora e solta logo a sepultadora.
Liberta Antígona!

CREONTE
Se eu a liberto
Estareis do meu lado? Tolerastes

Tudo, mesmo quando não o aprovastes. Isto
Vos compromete!

ANCIÃOS
        Vai!

CREONTE
        Machados! Machados!
Creonte sai.

ANCIÃOS
        Que parem as danças!

ANCIÃOS *batendo nos pratos.*
        Oh, espírito da alegria, tu que és o orgulho
        Dos rios que Cadmo amava
        Vem logo se desejas ver a tua cidade
        Pela última vez, viaja logo e vem
        Antes do cair da noite, pois mais tarde
        Ela não mais existirá.
        Aqui vivias tu, deus da alegria
        Às margens do gelado Ismenos, nesta Tebas
        Cidade-mãe, cidade bacântica.
        A fumaça dos sacrifícios, bem visível
        Por cima dos telhados, te avistou.
        Talvez não encontres o fogo
        De suas muitas casas nem a fumaça do fogo
        E da fumaça nem a sombra.
        Os que acreditavam ver instalados
        Os seus filhos, por mil anos, em terras longínquas
        Mal terão amanhã, mal têm hoje
        Uma pedra para repousar a sua cabeça.
        Outrora, deus da alegria,
        Sentavas-te ao lado dos amantes, às margens do Cócito
        E nos bosques de Castalia. Mas
        Também visitavas as forjas, e provavas, sorrindo,
        O fio das espadas, com o polegar.
        Amíude ias, cessados
        Os cantos imortais,

Pelas ruas de Tebas, pois elas ainda rejubilavam.
Ah, os ferros golpearam a própria carne
Mas mesmo assim o braço esgota a sua força!
A violência precisa de um milagre
E a clemência um pouco de sabedoria.
Agora o inimigo,
Tantas vezes vencido, ameaça os nossos
Palácios e aponta
Com as suas lanças ensangüentadas
Para a boca das Sete Portas;
De lá não arredará
Até que suas bochechas
Estejam cheias de nosso sangue.
Mas aí se aproxima uma das criadas,
Atravessando a onda dos fugitivos, com uma mensagem
Certamente de Hémon, a quem o pai
Passou à frente da guarda salvadora.

Entra uma criada como Mensageira.

MENSAGEIRA

Oh, tudo está consumido! Oh, a última espada, quebrada!
Hémon não vive mais, sangrou pela própria mão.
Sou testemunha disso. O que aconteceu antes
Sei da boca dos criados que acompanharam o senhor
Até a pradaria onde jazia, destroçado pelos cães,
O pobre corpo de Polínices.
Lavaram-no silenciosamente e deitaram
Sobre ramas frescas o que dele sobrou
E ergueram com cuidado um montículo de terra pátria.
Adiantando-se, com alguns outros, o senhor se aproximou
Do túmulo de pedra, onde nós criadas nos encontrávamos.
Uma de nós ouviu uma voz
Vindo da câmara subterrânea, gemendo alto
E correu até o senhor para lhe contar.
Este se apressou, e, enquanto ia, ouvia
Cada vez mais nítida, uma voz tenebrosa e fatigada.
Então gritou, já bem perto, e num lamento lancinante
Viu o ferrolho que fora arrancado do muro
E disse, com esforço, como para convencer-se a si mesmo:

"Essa não é a voz de Hémon
A voz de meu filho". Obedecendo à palavra apreensiva
Do senhor, fomos investigar. E
No fundo da tumba vimos
Pendurada pela nuca, Antígona
Uma corda de linho em volta do pescoço
E Hémon, prostrado aos pés dela no alto
Chorando a morte da prometida, a ruína de tudo
E o crime do pai. Este, ao ver a cena
Vai até ele e diz:
"Oh, saia, meu filho, te imploro de joelhos".
Olhando friamente, sem uma palavra,
O filho encara o pai. E puxa a espada, de dois fios, contra ele
E tendo o pai, assustado, se voltado
Para fugir, falha.
Sem dizer nada
Em pé, lentamente enfia a ponta
Da espada em si mesmo, na cintura, e cai sem dizer palavra.
O morto repousa junto à morta, a promessa
Nupcial se cumpre, timidamente, nas casas
Do mundo subterrâneo. Ali vem o senhor em pessoa.

ANCIÃOS
Nossa cidade está no fim, habituada às rédeas, e
Sem rédeas. Amparado por mulheres
Vem o derrotado e
Leva em suas mãos uma grande lembrança
Da sua estúpida loucura...
Entra Creonte, carregando o manto de Hémon.

CREONTE
Vide o que tenho aqui. É o manto. E pensei
Que era a espada o que eu tinha ido buscar. Morreu cedo
O meu filho. Só mais uma batalha
E Argos estaria derrotada! Mas o que se levantou
De coragem e de determinação, dirigiu-se somente contra mim.
E assim cai Tebas.
Que caia mesmo, que caia comigo, que se acabe
E fique para os abutres. É assim que eu quero.

Creonte sai com as criadas.

ANCIÃOS
       E se voltou e foi
       Nas mãos nada mais que um pano
       Manchado de sangue de toda a estirpe de Lábdaco
       Para a cidade, que desmoronava.
Nós todos porém
O seguimos agora, e
É para baixo. Decepada será
A mão que nos dominava
Para não mais golpear. Mas aquela que tudo viu
Somente pôde ajudar ao inimigo, que agora
Vem e logo nos exterminará. Pois o tempo é curto
A fatalidade está em tudo, e não há mais tempo
Para viver sem pensar e levemente
Passando da tolerância ao crime e
Tornar-se sábio na velhice.

NOVO PRÓLOGO DA "ANTÍGONA"*

Sobem ao palco os atores que representam Antígona, Creonte e o vidente Tirésias. Colocado entre os outros dois, o que representa Tirésias se dirige aos espectadores.

    Amigos, inabitual
    Pode lhes parecer a elevada linguagem
    Do poema de mil anos
    Que aqui ensaiamos. Desconhecido
    Lhes é o assunto do poema, que era
    Intimamente familiar aos antigos ouvintes.
    Permitam-nos pois apresentá-lo a vocês. Esta é Antígona,
    Princesa da estirpe de Édipo. Este aqui
    É Creonte, tirano da cidade de Tebas, seu tio. Eu sou
    Tirésias, o vidente. Aquele ali

    Para a apresentação em Greiz, em 1951, Brecht escreveu este prólogo, que foi apresentado em lugar do prelúdio.

Trava uma guerra de pilhagem contra a longínqua Argos. Esta
Enfrenta o desumano, e ele a aniquila.
Mas a sua guerra, agora tornada desumana,
Escapa ao seu controle. A justiça inexorável
Ignorando o sacrifício do próprio povo subjugado
Acabou com ela. Pedimos a vocês
Procurarem em suas mentes ações semelhantes
Do passado recente, ou então a falta
De ações semelhantes. E agora
Vocês verão como nós e os outros atores
Na peça pisamos, um após o outro,
Na pequena arena do jogo, onde outrora
Sob as caveiras dos animais dos bárbaros cultos de sacrifício
Nos primórdios tempos a humanidade
Fazia a sua grande aparição.

Os atores vão para o fundo do palco, e agora também os outros atores sobem ao palco.

impressão e acabamento
yangraf
TEL.: (011) 296-1630
FAX: (011) 296-6096